고대인도왕국·무굴제국 (새로 쓰는 인도의 역사)

마우리아 왕조부터 무굴 제국에 이르는 인도의 역사와 문화를 알기 쉽게 다룬 책

KB101947

[고대인도왕국·무굴제국] 주요 연표

BCE	· 기원전 3300년경	인더스 문명 등장
	· 1800년경	아리아인의 이주
	· 1500년경~1000년경	초기 베다 시기
	· 326년~325년	알렉산드로스의 군대가 인도 북서 지역 침입
	· 273년	아소카, 마우리아 왕조 국왕 즉위
	· 261년	아소카, 칼링가 정복
CE	· 320년	찬드라굽타, 굽타 왕조 왕위 계승
	· 450년경	훈족, 북서 인도 침입
	· 1498년	바스쿠 다 가마, 캘리컷 도착
	· 1600년	영국, 동인도 회사 설립
	· 1605년	자한기르, 무굴 제국 황제(~1627) 즉위
	· 1627년	샤자한, 무굴 제국 황제(~1658) 즉위
	· 1632년	타지마할 건설 시작
	· 1658년	아우랑제브, 무굴 제국 황제(~1707) 즉위
	· 1757년	영국, 플라시 전투에서 승리
	· 1857년	세포이 항쟁(~1858)

고대인도왕국 · 무굴제국

Thinking Power Series - World History Collection 08
The History and Culture of India

Written by Choi Hyun-woo.
Published by Sallim Publishing, 2018.

제4차 산업혁명 세대를 위한
생각하는 힘 세계사컬렉션 **08**

새로 쓴 인도사

고대인도왕국·무굴제국

최현우 지음

살림

친숙한 인도를 위하여

"너는 인도랑 인도네시아랑 같은 나라란 사실을 몰랐니?"

"……아닌데? 전혀 다른 나라 아냐? 이름도 다르잖아."

"너도 참 무식하다. 서울하고 서울특별시가 다른 데니? 그걸 생각해봐!"

　이 내용은 얼마 전 TV 프로그램에 등장한 어느 연예인들의 대화입니다. 서울과 서울특별시를 사례로 들면서 설명하는 당당한 태도에 다른 출연자도 인도와 인도네시아가 같은 나라라고 믿는 모습을 보였습니다.

이 정도까지는 아니더라도 인도의 역사와 문화를 제대로 아는 사람은 그리 많지 않습니다. 20년 가까이 역사를 전공하고 10년 넘게 역사를 가르치며 사는 저도 인도에 대한 강좌를 만나보지 못했습니다. 학교 교육과 대중 강좌에서 여전히 인도사는 비주류입니다. 그렇지만 역사 속의 인도는 인류 문화의 발상지로 항상 우리 곁을 지키고 있습니다.

교육의 질은 교사의 질을 넘지 못한다는 생각을 갖고 교사가 된 이후에 오히려 역사를 더 열심히 공부해왔습니다. 하지만 인도사는 제 마음대로 되지 않았습니다. 우리말로 된 몇 권의 통사가 있지만, 기초 지식이 부족한 상태로 읽다보니 제대로 이해하기 어려웠습니다. 그래서 시간을 두고 관련 서적과 논문을 찬찬히 들여다보며 인도를 처음 접하는 학생의 입장에서 인도사를 공부하기 시작했습니다.

이 책은 인도사와 인도 문화에 대한 이해가 축적될수록 더 쉽고 재미있게 인도사를 설명하는 책을 쓰고 싶다는 욕심에서 시작되었습니다. 책의 특징은 다음과 같습니다.

첫째, 인도사에 쉽게 다가서는 가운데 자연스레 인도사의 맥락을 이해할 수 있도록 구성했습니다. 생소한 외래어를 이해하기 쉬운 말로 바꾸어 서술하고, 친숙한 예를 들어가며 사건을 설명했습니다. 또한 인도사에 미친 영향이 미비한 왕조는 과감히 빼고 역사적으로 중요한 왕조를 중심으로 인도사의 흐름을 다루었습니다.

둘째, 최신 연구 성과를 반영하여 인도사를 더 깊게 탐구했습니다. 또한 이러한 과정에서 기존에 잘못 알려진 내용을 다수 발견하고 이를 수정했습니다.

셋째, 다양한 이미지 자료를 활용하여 문화사를 폭넓게 다루었습니다. 정치사에 초점을 맞춘 기존의 인도사 서술에서 탈피하여 인도의 주요 작품과 유적을 심도 있게 이해하는 계기를 마련했습니다.

이 책은 저서라기보다 편저에 가까울 만큼 여러 선학의 연구 결과에 바탕을 두고 있습니다. 이 책에 도움을 주신 여러 선학께 이 자리를 빌려 깊은 감사 인사를 올립니다. 마지막으로 지금 이 순간 이 책을 읽고 있는 당신께 특별한 감사 인사를 전하며, 아무쪼록 인도의 역사와 문화를 이해하는 데 보탬이 되길 진심으로 기원합니다.

雲然堂에서
최현우 드림

• 차례 •

제3장   라지푸트 시대

제4장   이슬람 왕조 시대

제5장 무굴 제국 시대

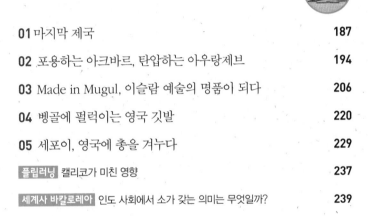

고대인도는 알렉산드로스 대왕의 침략 이후 마우리아 왕조에 의해 통일되었다. 찬드라굽타 마우리아를 도와 인도 통일에 이바지한 카우틸리야의 『아르타샤스트라』는 오늘날에도 정치·경제의 지침서로 이름이 높다. 마우리아 왕조의 정복 활동은 아소카 왕의 칼링가 정복으로 정점에 달했지만, 한편으로 불교가 발전하고 다르마가 확산되는 계기가 되었다. 아소카 왕은 각 지역에 건립한 돌기둥 또는 암벽에 보편적인 진리를 새겼다.

불교는 카니슈카 집권기에 전성기를 누린 쿠샨 왕조 시대에 더욱 발전했고, 이때 대승불교의 기초가 마련되었다. 또한 불상이 등장했는데 마투라 지역과 달리 간다라 지방에서는 헬레니즘 문화의 영향을 받은 독특한 형식이 나타났다.

제1장

마우리아·쿠샨 왕조 시대

01

최초로 인도를 통일한 마우리아 왕조

인도 최초의 통일 왕조라고 불리는 마우리아 왕조가 들어서기 이전 인도 각지에는 열여섯 개의 나라가 있었다. 이들 나라 중 갠지스강 중하류에 위치한 마가다가 특히 강성해 나머지 나라를 통일했다. 마가다국의 빔비사라 왕은 라자그리하에 수도를 정하고 본격적으로 팽창 정책을 추진했다. 라자그리하에서 라자는 '왕', 그리하는 '거주하는 곳'이란 뜻이다. 그 의미에 걸맞게 라자그리하는 천연 요새의 모습을 갖추고 있었지만, 빔비사라는 감옥에 갇히는 신세로 전락했다.

마가다국의 비극

왕위에 눈이 먼 그의 아들 아자타사트루에게 감금당했기 때문이다. 아자타사트루는 자신의 아버지 빔비사라를 굶겨 죽이기 위해 음식을 주지 않았다. 아버지의 목숨만은 살려달라는 어머니 바이데히의 부탁도 거절했다. 보다 못한 바이데히는 목욕한 후에 몸에 꿀과 쌀가루를 바르고 남편의 면회를 가서 이를 먹였다. 하지만 이 역시 얼마 가지 않아 발각됐고, 아자타사트루는 어머니 바이데히마저 궁궐에 가뒀다. 결국 빔비사라 왕은 굶어 죽고 아자타사트루가 왕위에 올랐다.

아자타사트루는 왕위에 대한 욕심만큼 영토에 대한 욕심도 남달랐다. 그는 돌을 발사하는 무기·전차 등을 도입하여 정복 전쟁에 많은 힘을 쏟았다. 이를 통해 서울 면적의 세 배에 달하는 땅을 차지하게 되었다. 그는 마가다국의 영토를 확장하는 동시에 불교를 보호했는데, 부처를 만나 이야기를 나누면서 아버지를 굶겨 죽인 자신의 잘못을 깊이 뉘우치고는 불교에 귀의했다고 한다.

그렇지만 부전자전(父傳子傳)이라 했던가. 아자타사트루 역시 그의 아버지처럼 자신의 아들에게 죽임을 당했다. 아자타사트루의 아들 우다야바드라도 영토 확장에 몰두하여 성과를 거두었으나, 그의 아들과 손자는 무자비한 정치로 국민들의 반발을 사게 되었다. 결국 기원전 413년 무렵 국민들이 왕을 축출하고 재상 시수나가를 새로운 왕으로 맞이했다.

마가다국은 갠지스강을 통한 교역으로 많은 이익을 얻을 수 있었으며, 풍부하게 매장된 철을 바탕으로 철제 농기구와 무기를 제작했다. 이를 기반으로 주변국을 물리치고 영토를 확장했으나, 부왕 살해가 이어지는 가운데 폭정으로 민심이 흉흉해지게 되었다. 시수나가가 새로운 왕으로 추대됐으나 정치에 고개를 돌린 백성의 마음을 되돌리기에는 어려운 상황이었다. 결국 마다가국에서 빔비사라의 명맥은 끊기고 마하파드마난다의 난다 왕조가 수립됐다.

알렉산드로스 대왕의 공격과 마우리아 왕조의 수립

기원전 6세기 무렵 아케메네스 왕조 페르시아의 다리우스 1세가 이끄는 군대가 펀자브 북부 지방을 정복하고, 이곳을 100여 년간 지배했다. 이후 마케도니아의 알렉산드로스는 고가메라 전투에서 다리우스 3세의 군대를 격파하고, 아케메네스 왕조 페르시아를 멸망시켰다. 페르시아 세력이 인도로 도망치자, 알렉산드로스는 이들을 추격하여 인도로 진격했다.

기원전 327년 알렉산드로스는 일부 군대를 박트리아에 주둔시킨 뒤 인도출정에 나섰다. 알렉산드로스의 군대가 공격해올 때 인도 서북쪽 지역에는 여러 나라가 난립한 상태였다. 이들 국가는 주도권을 둘러싸고 끊임없이 다투고 있었다. 알렉산드로스는 이러한 상황을 잘 이용하여 인도 서북쪽 지역을 차례로 정복해나갔다. 알렉산드로스의 군대는 거대한 코끼리를 앞세운 인도인의 공격에 당황하기도 했지만, 체계적인 전술을 구사하며 승리를 이어나갔다. 공격을 받은 나라의 대부분은 제대로 싸워보지도 못하고 항복하는 경우가 많았다.

하지만 포루스 왕은 달랐다. 그는 두 아들을 이끌고 직접 전투에 나가 알렉산드로스의 군대에 맞서 용감하게 싸웠다. 비록 알렉산드로스의 진격을 막아내지는 못했지만 그는 역사상 가장 용감한 국왕의 한 사람으로 기억된다. 그의 용맹하고 책임감 있는 모습에 감명을 받은 알렉산드로스는 그가 자신의 왕국을 계속 통치하도록 허락하고 더 넓은 영토까지 얹어주었다.

포루스도 알렉산드로스의 넓은 마음에 감명을 받아 그를 돕기로 약속하고 코끼리 부대를 중심으로 지원에 나섰다. 포루스의 지원은 알렉산드로스의 군대에 큰 힘이 되었지만, 이미 그의 병사들은 짧은 기간 장거리 행군과 격심한 전투에 크게 지친 상태였다. 결국 알렉산드로스는 정복지에 총독을 임명하고 군대의

- **「알렉산드로스와 포루스」**(샤를 르브룅 작품)
  말에 탄 알렉산드로스가 쓰러져 있는 포루스를 바라보는 장면이 인상적이다. 1.8미터에서 2.28미터에
  이르기까지 포루스의 키에 대해서 많은 기록이 남아 있다. 대체로 2미터를 전후한 큰 키에 우람한 체격
  이었다는 사실을 알 수 있다.

일부를 남겨둔 채 철수를 결정했다.

  알렉산드로스는 인도 지역을 떠나 바빌론에 머물며 새로운 원
정과 통치 정책을 구상했지만, 말라리아로 추정되는 열병에 걸
려 기원전 323년 사망했다. 그가 죽은 후 제국은 세 나라로 갈라
져 혼란스러운 상황이 지속되었다. 자연히 인도 지역에 대한 헬
레니즘 제국의 영향력은 크게 떨어질 수밖에 없었다. 알렉산드
로스가 남겨놓은 군대도 기원전 317년 인도 서북지역을 떠났다.

찬드라굽타 마우리아는 인도 서북지역에 생긴 힘의 공백 상태를 이용하여 왕조를 수립했다. 그는 난다 왕조의 후손에 속했지만, 어머니가 수드라 계급 출신이었기에 어머니의 성을 따라 '마우리아'라는 성을 갖게 되었다고 한다. 당시 인도의 관습에는 어머니의 신분이 아버지보다 낮으면 그 자식은 어머니 성을 따르도록 했기 때문이다. 왕족임에도 왕족의 성을 가질 수 없었던 찬드라굽타 마우리아는 어린 시절부터 차별을 받았지만, 좋은 스승을 만나 능력을 키워나갈 수 있었다.

유비 옆에 제갈공명이 있었듯, 찬드라굽타 마우리아의 곁에는 카우틸리야(차나키아)가 있었다. 찬드라굽타 마우리아의 스승인 카우틸리야는 행정과 군사전략의 전문가로 왕의 결심을 현실로 만드는 데 큰 도움을 주었다. 카우틸리야는 "외바퀴는 달릴 수 없다"는 말을 통해 국왕의 리더십뿐 아니라 유능한 신하의 도움을 강조한 인물로, 협의를 통한 정치를 중시했다. 또한 "우리의 가장 깊은 인간관계조차 우리의 필요에 따라 형성된 것이다"라고 말할 정도로 철저한 실리주의자였다. 국왕이나 국가도 예외일 수 없었다. 그는 '실질적인 이익을 논한 책'이라는 의미의『아르타샤스트라』를 저술하여 국가의 행정·사법·외교는 물론 국왕의 일상생활과 왕자들의 교육까지 다루었다.

찬드라굽타 집권기의 최대 영역
아소카 집권기의 최대 영역
← 알렉산드로스의 원정로

· 마우리아 왕조의 영역
마우리아 왕조는 아소카 왕 집권기인 기원전 3세기경 남부를 제외한 인도 대륙 대부분을 통일하여 전성기를 맞이했다.

이 책은 어떠한 수단을 사용하더라도 승리는 정당화된다는 논리를 펼치고 있기에 비도덕적이라는 비판을 받지만, 인도의 정치·경제학 지침서로 여전히 명성이 높다. 영원한 적도 친구도 존재하지 않는 국제 사회에서 국가의 존립과 발전에 지침이 되고 있다. 카우틸리야는 이 책에서 왕의 일과표까지 제시할 만큼 왕의 의무를 강조했으며, 군사력의 강화를 통한 영토 확장에서 국가의 필요성과 실리가 증대된다고 보았다.

찬드라굽타 마우리아는 북쪽으로 히말라야 산맥, 서쪽으로 인더스강 유역의 아프가니스탄과 발루치스탄, 동쪽으로 브라마 푸트라강 유역에 이르는 땅을 차지했다. 비록 데칸고원 지역까지 지배하지 못했지만 사실상 인도를 처음으로 통일한 것이다. 찬드라굽타 마우리아는 박트리아 왕국을 세운 셀레우코스의 공격마저 물리치고, 마우리아 왕조의 기초를 튼튼하게 다졌다. 셀레우코스는 자신의 딸을 찬드라굽타 마우리아에게 보내 강화 조약을 체결했다.

찬드라굽타 마우리아에게 왕위를 이어받은 빈두사라는 전쟁을 지속하여 남쪽으로 마이소르까지 영역을 넓혔다. 그리하여 데칸고원의 동부에 위치한 칼링가 왕국과 남인도 지역을 제외한 인도반도 대부분을 차지했다.

02

아소카, 칼링가에서 인간의 존엄성을 깨닫다

빈두사라의 구체적인 활동을 보여주는 문헌은 남아 있지 않은 실정이다. 그렇지만 그가 '아미트라카다(적을 잡아먹는 자)' 또는 '아미트로차테스(적을 완전히 죽이는 자)'로 불렸다는 사실을 통해 그의 재위 기간에 많은 전쟁이 있었으며, 상당한 승리를 거두었다고 추측할 수 있다.

못생긴 아소카, 걱정이 없는 자

그는 셀 수 없이 많은 부인을 두어 자식이 101명이나 되었다고 한다. 수많은 자녀 중에서 아소카는 일찍부터 두각을 나타냈다. 아소카는 '걱정이 없다'는 의미로, 일부 문헌에서는 왕이 되기 전에 피야다사나, 피야다시라고 불렀다고 전한다. 한편으로는 그의 어머니가 그를 낳으면서 모든 근심이 사라졌다고 말해서 아버지 빈두사라가 아소카라 지었다는 이야기도 전해진다.

그러나 아이로니컬하게도 아소카는 매우 못생긴 얼굴이었고 얼마나 못생겼는지 아버지 빈두사라조차 아소카를 멀리했다고 한다. 하지만 그는 이름의 의미처럼 매우 낙천적인 성격이어서 자신의 외모에 크게 신경쓰지 않았다. 야망이 크고 대담하여 꼭 왕이 될 것이라는 자신감에 가득 차, 어려운 일을 당해도 크게 걱정하지 않았다.

마우리아 왕조에서는 성인이 된 왕자를 각 지역으로 파견하여 정치 경험을 쌓게 하는 제도가 있었다. 마우리아 왕조는 처음으로 인도를 통일했지만, 각 지역 세력을 강력하게 통제할 힘이 부족했다. 그래서 각 지역으로 왕자를 파견하여 왕을 보조하는 부왕(副王)으로서 마우리아 왕조의 통치권 강화에 힘쓰도록 했다.

아소카도 우자인·수바르나기리·탁실라 등에 부왕으로 파견되었다. 그중에서 탁실라 파견은 중요한 의미를 갖는다. 현재 파키스탄 북동쪽 페샤와르와 라왈핀디 지역에 해당하는 탁실라는 동·서양을 연결하는 무역의 중심지였다. 또한 오랫동안 난이 일어났지만 다른 왕자들이 이를 진압하지 못해 애를 먹는 지역이기도 했다. 탁실라는 빈두사라가 아소카의 리더십을 시험하는 도시였던 것이다.

아소카가 탁실라에 다다랐을 때, 그 지역 사람들은 그를 향해 "우리는 당신을 거역하는 것이 아니다. 또한 빈두사라에게 거역하는 것도 아니다. 단지 이 지역을 관장하는 관리의 횡포에 거역하는 것이다"라고 외쳤다. 아소카는 탁실라를 관장하는 관리의 비리를 낱낱이 파헤쳐 그에 합당한 벌을 주고, 탁실라 주민의 지지를 얻게 되었다. 이를 바탕으로 자신의 군대를 확충하고, 정권을 잡을 준비를 진행할 수 있었다. 또한 탁실라 인근 현재의 카슈미르 지역에 해당하는 카사에서 일어난 반란도 훌륭하게 진압하여 그 명성을 떨쳤다.

아소카는 다른 왕자들이 해내지 못한 일을 완수하며 마우리아 왕조의 발전에 이바지했지만, 정작 그의 아버지 빈두사라의 사랑은 받지 못했다. 기록에 따르면 빈두사라는 아소카의 추한 외모 때문에 그를 싫어했다고 하는데, 이는 표면적인 이유에 지나지 않았다. 아소카가 다스리는 지역의 주민들이 전폭적으로 아소카를 지지하면서, 비록 그가 왕위 계승자로 지명된 것은 아니지만 왕위를 이을 자격이 있다는 여론이 들끓었다. 빈두사라는 국왕인 자신이 버젓이 살아 있음에도 불구하고 아소카가 차기 왕에 적합하다는 이야기가 끊임없이 들리는 상황이 탐탁지 않았을 것이다.

원인을 알 수 없는 병에 걸려 죽음을 직감한 빈두사라는 탁실라를 통치하고 있던 수시마 왕자를 불러들여 왕위를 넘겨주었다. 하지만 상당수의 신하들은 수시마의 리더십과 인성에 문제를 제기하고 이에 동의하지 않았다. 아소카는 많은 신하의 지지를 받으며 수시마를 비롯한 자신의 이복형제를 제치고 왕위에 올랐다(기원전 273). 왕위에 오른 이후에는 자신에게 조금이라도 위협이 되는 세력을 모조리 제거했기에 '잔인한 아소카(Candasoka)'라는 별명을 얻을 정도였다.

진정한 통일이란 무엇인가

아소카는 즉위 직후 행정제도 개편을 단행했다. 그는 웬만한 일은 신하에게 맡기지 않고 직접 처리하는 성격으로 무척 꼼꼼하게 일을 처리했다. 그는 자신이 식사를 하거나, 침실에 있더라도 언제든지 국정 보고를 받고 일을 처리할 정도로 부지런하고 열정적인 통치자였다. 신하들의 정책 회의에서 결정된 사항을 존중해 신하들과 함께 나라를 이끌어나가는 모습도 보였다.

아소카는 국내의 정치 상황이 안정되자, 기원전 261년 칼링가 왕국(현재의 인도 오리사주의 대부분) 공격에 나섰다. 칼링가는 인도 동쪽 벵골만과 맞닿은 강대국으로 데칸 이남 지역과 벵골 지역을 연결하는 교통로일 뿐 아니라 인도와 동남아시아를 잇는 바닷길을 차지하고 있었다. 축적된 경제력을 바탕으로 강한 군대를 보유한 칼링가는 남쪽에 있는 촐라 왕국과 연합해 언제든 마우리아를 공격할 가능성이 있었다.

당시 60만 대군을 보유한 아소카는 칼링가의 군대를 과소평가한 바람에 소수의 군대를 파견한 결과 패배를 경험했다. 그리하여 아소카가 직접 군대를 이끌고 칼링가 공격에 나섰다. 아소카의 군대는 서울과 부산의 왕복거리만큼 먼 거리를 걸어 칼링가의 입구 마하나디강에 도착했다.

이 강을 건너가는 도중 아소카는 칼을 강물에 빠뜨렸다. 아소카가 무기를 떨어뜨리는 광경을 처음 목격한 부하 장군은 불길한 예감에 철군을 요청했다. 무더운 날씨에 먼 거리를 달려온 아소카 스스로도 칼을 강에 빠뜨릴 만큼 체력이 바닥난 사실을 알고 있었다. 누구보다도 강한 체력을 자부한 자신이 이렇게 힘들어한다면, 일반 병사들은 얼마나 힘들어할지 생각해보았다. 그렇지만 여기에서 군대를 되돌리기도 어려운 상황이었다.

아소카는 불길한 예감을 떨쳐버리고 군대의 사기를 높이기 위해 평소보다 더 공격적으로 전투에 임했다. 아소카의 군대는 마하나디강의 지류인 다와강을 두고 칼링가 군대와 마지막 결투를 벌였다. 이 전투에서 칼링가 군 10만 명이 사망하고, 15만 명이 행방불명되거나 부상당했다 한다. 하지만 10만 또는 15만이란 말이 실제 그러한 수를 말한다기보다는 '많다'는 의미로 사용된 사실에 미루어볼 때, 실제로는 더 많은 사람이 죽거나 다친 것으로 추정된다. 실제로 칼링가는 아소카 군대와의 전쟁에 온 힘을 기울였기에 농사를 돌볼 겨를이 부족했으며, 농작물을 약탈당해서 수많은 사람이 굶어죽었다고 한다.

비록 아소카는 칼링가와 벌인 전쟁에서 승리했지만 오히려 승리한 뒤 깊은 슬픔에 빠졌다. 그가 남긴 다음 기록에 이러한 심정이 잘 나타나 있다.

즉위 후 8년이 되는 해에 데바남프리야 프리야다르쉬(아소카 왕을 의미. 이하에서는 이해를 돕기 위해 '나'로 고쳐 서술함)에 의해, 칼링가는 정복되었다. 15만 명이 국외로 추방되었다. 10만 명이 거기서 살해되었으며 수십만 명이 죽어갔다. 그 후 칼링가는 합병되었으며 나의 다르마 준수, 다르마의 사랑, 다르마의 전파는 더욱 열렬해졌다. 이것은 칼링가 정복에 대한 나의 후회 때문이다. 정복된 일이 없는 나라가 정복되면 사람들의 살육, 사망, 이주가 생겨난다. 나는 이것이 몹시 괴롭고 슬프다. ……나의 아들들과 후손들은 무력을 통한 정복에 나서지 않아야 한다.

역설적이게도 전쟁이라는 극도로 참혹한 사건이 아소카에게 비폭력이 진리라는 사실을 일깨워준 것이다. 들판에 가득 쌓인 수십만 명의 죽음 앞에서 아소카는 칼링가 정복이 이렇게 많은 사람의 목숨보다 소중한지를 스스로에게 묻게 됐다. 강제적인 정복이 영원히 지속될 수 있을 것인가. 군인은 직업의 특성상 전쟁에 참여했다고 하지만, 아무 이유 없이 군인에게 희생된 일반인은 얼마나 억울할까. 전쟁은 극소수의 정치가들이 자신의 힘을 과시하고, 욕심을 채우는 수단에 지나지 않은가. 왕은 군사력으로 국민을 억압하는 것이 아니라 도덕적으로 설득해야 하며, 넓은 영토가 아니라 국민의 안정되고 평화로운 생활에서 영광을 찾아야 하지 않을까. 이러한 생각은 아소카에게 참다운 통일의 의미와 방법을 깨닫게 해주었다.

그는 인종과 언어, 생활 방식의 차이를 넘어서서 모든 사람에게 보편타당한 통치 이념을 적용하는 것이 진정한 통일이라는 사실을 깨달았다. 아소카는 국적·인종·종교 등을 불문하고 이 세상의 어떠한 인간도 어떠한 시대에나 지켜야 하는 영원한 법(진리)이 존재한다고 확신하고, 이를 '다르마(Dharma)'라 이름 붙였다.

아소카 다르마, 모든 인간의 보편타당한 사회적 책임을 강조

'다르마'라는 말은 현재 다양한 의미로 사용된다. 법·진리 이외에도 선행·의무·윤리·본성·정의 등의 의미로 이해된다. 지키지 않은 사람에게 비난이나 벌을 가하는 행위규범의 의미로도 사용된다. 따라서 다르마가 사용되는 문맥을 이해하고 그에 상응하는 의미를 파악해야 한다. 무엇보다 아소카 시대의 다르마를 명확히 이해할 필요가 있다.

아소카 다르마에 대한 해석의 차이는 그것이 종교와 어떠한 관련이 있는지에 대한 입장 차이에서 비롯된다. 아소카 다르마를 사회 윤리적 규범으로 보는 입장에서는 이를 '세속적인 생활방식이며 다양한 사상가의 도덕적 가르침'으로 규정한다.

하지만 아소카와 불교의 관계를 떠나서 아소카 다르마를 일반적 도덕규범에 불과한 것으로 이해하는 데 이의를 제기하는 입장도 적지 않다. 여기에는 아소카가 독실한 불교 신자인 동시에 불교의 보호자였다는 사실이 작용한다.

아소카는 부처의 탄생지인 룸비니를 비롯한 불교 성지를 순례하고, 각지에 불교 사원과 탑을 세우고, 불교 경전 정리에 힘썼다. 아소카는 자신의 통치 지역에 불교 포교사를 파견하는 것에 만족하지 않고 인도 바깥의 여러 나라의 통치자에게도 불교를 전하기 위해 사신을 보냈다. 그리스 지역에서 아소카의 사신들이 불교를 전했다는 기록이 보일 만큼 전파 범위는 광범위했다. 아소카는 방대하고 체계적인 포교 조직을 만들어 불교 전파에 온 힘을 기울였다. 부처가 열반에 든 이후 아소카가 적극적인 불교 포교를 시작하기 전까지 3세기 동안, 불교는 인도 밖은 물론 안에서도 번성하지 못했다. 부처는 인도 마가다 왕국과 그 인근 지역에서만 활동하고 열반에 들었다.

하지만 불교는 아소카의 노력을 통해 세계 종교로 발전하는 토대를 마련했다. 자비에 바탕을 둔 정치를 실현하여 관개시설을 확충하고, 국민과 동물을 위한 의료시설과 여행자를 위한 숙박시설을 마련했다. 그리하여 불교에서는 그를 '전륜성왕(轉輪聖王)'이라 부른다. 통치의 내용에 따라 통치권의 정당성이 확립되며, 도덕적 정당성을 현실적 정당성으로 전환시킬 수 있는 힘을 가진 통치자를 의미하는 '전륜성왕'은 다스리는 영토의 크기는 물론 뛰어난 정복자에게 붙여진 이름도 아니다. 그것은 오로지

다르마의 실천에 따른 것이다.

　다르마를 어떠한 입장으로 해석하더라도 아소카가 다르마를 기초로 새로운 시대에 부응하는 정책을 시행하고 통일의 과정에서 일어난 사회적 불안과 여러 모순을 극복하고자 했다는 사실에는 변함이 없다. 아소카 다르마는 특정 종교·계급·사상을 주장한 것이 아니라 보편타당함을 말하는 것이었으며, 자신을 포함한 모든 인간의 사회적 책임을 강조한 것이었다. 이는 인간의 존엄성을 깨닫게 하는 호소였다.

03

다르마를 지키는 왕

칼링가 전쟁으로 인해 아소카는 다르마에 의한 정복이 최상의 정복이라는 사실을 깨달았다. 아소카는 전국 각지의 암벽에 다르마를 새기고, 다르마가 새겨진 여러 개의 돌기둥도 세웠다. 암벽 다르마의 경우 주로 마우리아 왕조 변방 지역에서 다수 발견되는 데 비해, 돌기둥의 경우에는 왕조의 중심지라 할 수 있는 갠지스강과 야무나강에서 많이 발견된다. 돌기둥의 경우 현재 흔히 '아소카 석주(石柱)'라 불리지만, 인도에 거주한 영국인이 거기에 새겨진 문자를 해독하기 전까지는 말 그대로 돌기둥일 뿐이었다. 앞서 본 것처럼 돌기둥에는 왕의 이름이 아소카가 아니

라 '데바남프리야 프리야다르쉬(신이 공경하고 사랑하는 프리야다르쉬)'
라고 새겨져 있어서 1915년에 와서야 아소카의 석주라는 사실이
밝혀졌다.

암벽과 석주에 새겨진 아소카의 소망

아소카는 돌기둥을 세워 통치의 근간이 다르마에 있다는 점을
분명히 밝혔다. 아소카가 다르마를 바탕으로 이루려 했던 이상
적인 군주의 모습은 과연 무엇일까? 다음의 내용은 이를 잘 드
러내고 있다.

과거에는 신하의 「상소」를 듣는 일이 없었다. 그러나 나는 다음
조치를 명했다. 「상소」를 전달하는 관리는 내가 어디에 있더라도
언제나 백성의 일을 보고해야 한다. 내가 어디에 있더라도 백성에
관한 일을 재가할 것이다. 모든 백성의 안락을 도모하는 것은 나
의 의무이다. 백성들의 안락을 도모하는 근본은 열정과 일의 신
속한 처리이다. 백성의 안락을 증진시키는 것은 나의 가장 중요한
의무이다. 내가 하는 모든 노력은 살아 있는 것에게 입은 빚을 갚
는 일이다.

아소카는 우리나라의 암행어사와 같은 성격의 관리를 5년 주기로 지방에 직접 파견하는 제도를 실시하여, 애민 정치를 구체화시켰다. 이를 통해 백성들의 실제 생활에 대한 정보를 수집하고, 지방 통치에 부조리가 없는 지를 감찰함으로써 백성의 안정적인 삶을 도모했다. 아울러 정부가 시행하는 여러 가지 유익한 제도를 소개하고 백성이 참여할 수 있도록 이끌었다. 이렇듯 아소카는 백성을 사랑하는 정치를 구현하기 위해 다양한 방안을 모색하고 실천에 옮겼다.

「명문」에 나타난 아소카의 주요 관심사로 종교 사이의 관용과 공존을 들 수 있다. 아소카는 모든 종교가 나름대로 인간 수양과 깨끗한 마음을 구하고 있다는 생각 아래 다른 종교에 편견을 보이지 않았다. 아소카는 모든 종교가 어디서나 공존하길 희망했다.

나는 모든 종파와 그 성직자들과 여러 평신도를 공경한다. 나는 온갖 선물과 명예로써 그들을 공경한다. 우리는 자신이 가진 종교적 신념을 스스로 칭찬하지 않으며, 다른 종파에 대한 비난의 말을 삼간다. 모든 종파는 어떤 경우에도 존중받아야 한다. 그렇게 하면서 자기 종교를 발전시키는 동시에 다른 종교를 지지해야 한다. 자기 종교에 대한 맹목적인 믿음에 빠져, 다른 종교를 헐뜯는 것은 자기 종교를 심하게 해치는 것이다. 서로의 다르마를 듣고 기꺼이 듣게 해야 한다.

또한 아소카는 암벽과 석주에 생명 존중에 관한 내용을 많이 새겼다. 아소카는 카레를 만들기 위해 왕궁의 부엌에서 매일 수많은 동물이 살육되고 있다는 사실을 지적하고, 식사 준비를 위한 모든 도살을 금지시켰다. 나아가 동물의 도살과 사냥에 대한 구체적인 규정을 만들어 새겼다. 사실 생명 존중 사상은 불교에만 존재하는 것이 아니다. 자이나교에서도 불살생 교리를 엄격하게 지켰다. 아소카가 암벽과 석주에 칙령을 새기면서 생명 존중은 사회적 의무로 규정되기 시작했다. 물론 이러한 칙령이 모든 백성에게 무리 없이 수용되기까지 많은 시간과 노력이 걸렸겠지만, 생명 존중에 대한 칙령을 전국에 새겨 선포한 것은 대단히 의미 있는 사건이라 할 수 있다.

이러한 맥락에서 아소카는 병든 사람에 대한 특별한 관심과 보호를 강조했으며, 나라 안팎에서 약초를 찾고 재배하는 사업을 적극 추진했다. 정확한 명칭은 아직 알려지지 않았지만, 많은 무료 진료기관에서 사람들을 치료했다.

암벽과 석주에 새겨진 아소카 칙령의 전체적인 분위기는 휴

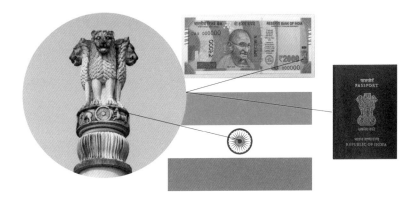

- **사르나트의 아소카 석주**
  인도의 국가 상징(국장)으로 자리 잡은 아소카 석주의 머리 부분이다. 국기는 물론 화폐, 여권 등에서도
  볼 수 있다.

머니즘이며, 모든 생명의 행복에 초점을 맞추고 있다. 특정한 형
이상학적 근거나 신학적 이론으로 자신의 주장을 증명하는 것이
아니라, 누가 보아도 당연한 진리를 실천하는 데 필요한 규범을
제시한 것이다.

아소카 석주는 불교 미술사에서 중요한 의미를 갖고 있다. 석
주 위에는 황소·코끼리·말·사자와 같은 동물의 거대한 상이 연
꽃 장식 위에 올려져 있다. 이들 동물은 인도에서 일찍부터 신성
하게 여겨진 동물이다. 즉 아소카의 석주는 고대인도의 전통을
계승하고 있는 것이다.

석주의 머리 부분 가운데 가장 유명한 것은 부처가 처음으로

설법한 곳인 사르나트에 세워진 4사자 석주이다. 이것은 인도의 상징으로 사용될 정도로 균형미와 기법의 정교함을 인정받는다.

네 마리의 사자가 등을 마주하고 앉아 있는 형상을 중심으로 그 아랫부분은 열여섯 개의 꽃잎으로 장식된 종 모양을 하고 있다. 꽃잎 위의 원통형에는 네 개의 바퀴가 새겨져 있고, 그 사이사이에 코끼리·황소·말·사자가 돋을새김으로 장식되어 있다. 이 네 마리의 동물은 오른쪽에서 왼쪽으로 탑돌이를 하는 형상으로 배치되어 있다. 걸어가고 있는 코끼리, 사자, 황소와 전력 질주하는 말은 지금도 살아 있는 듯 생동감이 넘친다.

네 마리의 사자는 세상 곳곳에 퍼지는 부처의 말씀을 상징한다. 태양·왕권·윤회를 의미하는 수레바퀴는 바퀴가 끊임없이 돌면서 앞으로 나아가듯이, 시간이 흘러가도 부처의 말씀이 끊이지 않고 전해질 것이라는 믿음을 보여준다. 즉 사자와 수레바퀴는 부처의 말씀이 시·공간을 초월한다는 사실을 의미한다.

불탑의 의미와 사례

불교 신자가 아니더라도 사람들은 불탑에서 석가모니를 떠올린다. 불탑은 석가모니가 열반한 이후 그의 시체를 화장(다비)하여 수습된 사리를 모아 봉안한 곳이기 때문이다. 그래서 불탑은

• **라마브하르 스투파**
부처를 다비(화장)한 곳으로 추정된다. 『베다』에서 스투파는 하늘과 땅을 연결하는 기둥과 같이 성스러운 의미로 사용되었다.

곧 부처를 상징하는 대상이다.

부처가 열반한 뒤 약 500년 동안은 부처의 모습을 그대로 그리거나 만들 수 없었다. 부처와 같은 성인의 모습을 함부로 그리거나 만드는 것 자체가 금기시됐기 때문이다. 이는 부처를 담은 그림이나 부처의 모습을 한 조각이 혹시라도 사람들의 손에 훼손되는 것을 막으려는 의도였다. 부처 스스로가 자신의 모습을 어떠한 형상으로도 만들지 말라고 강조한 것도 불상 제작이 억제되는 데 큰 영향을 미쳤다.

불상을 만들 수 없었던 시대(무불상 시대)에는 부처의 열반을 불탑으로 상징했고 불탑에 경배를 드렸다. 탑(塔)이란 탑파(塔婆)를 줄인 말이다. 탑파란 인도어인 스투파(stupa)를 한자로 옮긴 말이다. 스투파는 '상투'라는 뜻을 갖고 있다. 이것이 '정수리'라는 뜻으로 변하고, 나중에는 '꼭대기'라는 뜻을 갖게 되었다. 스투파는 불교에서 독자적으로 만들어낸 말이 아니라 이전부터 존재한 말로, 고대인도의 종교 지식과 제례규정을 담고 있는 『베다』에 처음 등장한다. 『베다』에서 스투파는 하늘과 땅을 연결하는 기둥과 같이 성스러운 의미로 사용되었다. 지상에 우뚝 선 불탑이 지상에 살고 있는 사람과 부처의 진리를 연결해준다는 믿음에서 스투파는 점차 불탑의 의미를 갖게 되었다.

부처가 열반에 들었을 때 많은 양의 사리가 발견되었다고 한다. 하지만 모든 불탑에 부처의 사리를 모시기는 어려웠다. 그래서 '파리보기카(paribhogika)'라 하여 부처의 유품을 봉안한 탑이나, '차이티야(caitya)'라 하여 부처의 머리카락이나 손톱 등을 봉안한 탑을 건립했다. 한편 부처의 사리나 유품을 봉안하지 않고, 부처의 일생에서 중요한 의미를 갖는 곳에 탑을 세우기도 했는데 이를 '웃데시카(uddesika)'라 한다.

부처를 화장한 이후에 그의 사리를 여덟 나라에 나누어주었

- **산치 제1스투파(산치대탑)**

산치대탑의 정상에는 세계의 산을 의미하는 정사각형의 난간이 설치되어 있고, 우주의 축을 상징하는 기둥이 난간 안에 서 있다. 탑의 외부는 커다란 석조 난간으로 둘러싸여 있으며 부처의 생애를 새긴 조각으로 장식된 네 개의 문이 있다.

고, 그 사리를 봉안하기 위해 최초의 스투파가 건립되었다는 설화가 전해진다. 불탑은 아소카 집권기에 들어서 많이 세워졌으며, 몇몇은 지금도 그 모습을 볼 수 있다.

아소카는 인도 전역에 불교를 전파하기 위하여 불교 포교사를 각지에 보냈으며, 동시에 부처의 열반 직후 조성된 8개의 불탑에 안치된 사리를 꺼내 이를 고운 가루로 만들어 인도 전역에 8만 4,000기의 불탑을 조성했다고 한다. 8만 4,000이라는 수는 '아주 많다'는 의미의 상징적인 수이기에 이를 그대로 믿을 수는 없지만, 아소카가 수많은 불탑을 건립한 것은 분명하다. 인도 문헌뿐아니라 중국 승려의 「여행기」 등에서도 관련 내용을 찾아볼 수있다. 아소카는 인도를 넘어 불교 문화권 전역에서 불탑이 부처를 상징하는 가장 중요한 조형물로 자리 잡는 데 이바지했다. 이후 불탑은 부처의 사리를 모신 인도의 전통적인 무덤이 아니라성스러운 참배의 대상이 됐다.

아소카 집권기에 만들어진 스투파로 추정되는 대표적인 사례는 산치 제1스투파와 탁실라의 다르마라지카 스투파, 스와트의붓카라 대탑 등이 있다. 물론 이들 이외에도 아소카가 조성했다는 전설이 전해지는 불탑은 매우 많은 편이다.

현재 보이는 산치 제1스투파의 석조로 된 외관은 아소카 집권기에 만들어진 것이 아니다. 아소카가 만든 최초의 스투파는 현재 크기의 약 절반으로 추정된다. 인더스강 상류의 탁실라에 있는 다르마라지카 스투파도 지금은 외부가 돌로 쌓여 있어 원래의 모습을 볼 수 없지만, 아소카가 창건한 것으로 추정된다.

탁실라는 아소카가 왕위에 오르기 전에 살던 곳이기 때문에부처의 사리를 안치하는 불탑을 세울 때 빠뜨리지 않고 세웠을가능성이 크다. 또한 '다르마를 지키는 왕'을 뜻하는 '다르마라지

• 다르마라지카 스투파

18세기 후반 건물을 짓기 위한 벽돌과 석재를 충당하고자 헐리는 과정에서 부처의 사리함이 새로이 출토되었다.

카'라는 명칭 자체도 아소카와 밀접한 관련이 있다. 이러한 가능성을 고려해볼 때, 적어도 마우리아 왕조 시대에는 스투파가 지금의 파키스탄 영토인 인더스강 상류 지역에도 조성된 것으로 보인다.

04

불교에 새바람을 일으킨 쿠샨 왕조

마우리아 왕조는 아소카가 죽은 이후 빠르게 쇠퇴했다. 마우리아 왕조에 종속당했던 나라의 독립 운동이 거세게 일어났으며, 외부에서는 여러 세력이 북쪽 지역을 공격했다. 그러나 아소카의 후손들은 이를 저지할 만한 능력이 부족했다. 결국 기원전 185년 푸샤미트라 슝가가 일으킨 정변으로 브리하드라타 왕이 살해되면서 마우리아 왕조는 멸망했다.

마우리아 왕조의 멸망과 여러 왕조의 탄생

마우리아 왕조는 동·서양의 여러 통일 제국과 달리 수립된 지

150년도 되지 않아 무너졌다. 마우리아 왕조가 단명한 원인을 두고 다양한 의견이 제시되고 있지만, 불교 중시 정책에 주요한 이유가 있다고 생각된다. 마우리아 왕조를 무너뜨린 푸샤미트라 슝가가 브라만 출신이기에 이러한 주장이 설득력을 얻고 있다. 아소카 왕은 불교를 나라의 중심 사상으로 삼아 불필요한 의식 행위를 금지시키고 모든 백성에게 평등한 정책을 펴도록 노력했다. 그런데 이는 최고위층인 브라만의 여러 특권을 침해하는 결과를 낳았다. 이로 인해 브라만 계급이 반발하게 되었고 푸샤미트라의 반란으로 귀결된 것이다.

아소카는 칼링가를 정복한 이후 다르마를 전하기 위해 전국 각지에 비문을 세웠다. 그런데 이러한 비문 공사는 비록 사치를 위한 것은 아니었지만, 그렇다고 국가 경제에 발전을 가져오는 토목 공사도 아니었다. 또한 아소카는 불교 교단에 어마어마한 돈을 보시했으며, 면세 혜택을 주었다. 전국적인 비문 공사에 많은 돈이 드는 상황에서 불교에 많은 돈을 헌납하고 세금까지 받지 않았으니, 국가 재정은 점차 어려워졌을 것이라 추측된다.

이러한 상황에서도 브라만 계급의 불만은 커질 수밖에 없었다. 즉 정치적으로 브라만 계급의 반발이 깊어지는 가운데, 경제적으로 국가 재정이 감소됨으로써 마우리아 왕조는 인도 역사에서 퇴장하게 된 것이다.

슝가 왕조를 세운 푸샤미트라 슝가는 브라만교를 신봉했기에 짐승을 제물로 삼아 하늘에 제사를 지내는 의식을 자주 거행했다. 이를 통해 그는 스스로 위대한 존재라는 사실을 보여주고자 했다. 그러나 푸샤미트라는 재위 기간 내내 세나파티, 즉 장군이라는 칭호를 사용할 뿐 왕이라 일컫지 못할 만큼 세력이 미약했다. 슝가 왕조는 마우리아와 같은 조직화된 중앙집권 체제를 갖추지 못했으며, 왕이 직접 통치하는 지역도 수도인 비디사뿐이고 주변 지역은 대부분 독립을 유지하는 상황이었다.

슝가 왕조가 수립된 지 100여 년 만에 바수데바가 슝가의 마지막 왕인 데바부미를 살해하고 칸바 왕조를 세웠다. 하지만 칸바 왕조도 얼마 지나지 않아 사타바하나 왕국에 의해 멸망했다.

사타바하나 왕국 이후 여러 지역에서 건너온 다양한 민족들이 인도의 지배권을 잡기 위해 각축을 벌였다. 박트리아의 그리스인은 펀자브 지역에 들어와 자리 잡았다. 펀자브 지역에 정착한 그리스인 가운데 가장 유명한 이는 밀린다라 불리기도 하는 메난드로스이다. 그는 나가세나라는 승려와 함께 불교에 관한 이야기를 나눈 이후 불교에 귀의했다고 한다. 두 사람이 나눈 대화는 『밀린다팡하』라는 책으로 남아 있다. 밀린다팡하는 팔리어로

'밀린다왕의 질문'이라는 의미이기에 한문 경전은 『미란타왕문경(彌蘭陀王問經)』으로 번역되어 있다. 이 경전은 당시 동양과 서양의 세계관을 보여줄 뿐 아니라 삶과 죽음·평등 등과 같이 현재의 우리가 평생 고민하는 주제에 대한 토론을 담고 있다는 점에서 중요한 경전으로 평가받는다.

박트리아의 그리스인 이후 샤카·파르티아인 등이 인도 지역에 들어왔다. 하지만 여러 민족 중에서 최고 전성기를 누렸던 집단은 파르티아인의 뒤를 이어 인도에 들어온 쿠샨족이 세운 왕조이다.

활발한 통상으로 화폐를 주조한 쿠샨 왕조

쿠샨은 기원전 2세기경 중앙아시아의 역사에 등장하여 기원후 3세기까지 중앙아시아와 인도 대륙에 걸쳐 대제국을 이루며 이 지역의 역사와 문화 전개에 큰 자취를 남긴 왕조이다. 특히 쿠샨 왕조 시기에는 불교가 체계적으로 발전하고 대승불교가 흥기했으며 불상이 창안되어 불교미술이 본격적으로 흥성하는 등 주목할 만한 변화가 일어났다. 쿠샨의 지배 아래에 있던 인도의 마투라와 사르나트에서 서쪽으로 탁실라와 간다라(페샤와르 분지)를 거쳐 아프가니스탄 북부와 우즈베키스탄 남부에 이르기까지 광범한 지역에서 많은 불교 유적과 유물이 조성되어 오늘날까지 전한다.

쿠샨 왕조는 대월지국(大月氏國 또는 大月支國)을 구성한 집단에서 기원했다고 전해진다. 하지만 쿠샨이 월지와 같은 계통이 아니라 월지에게 복속된 다른 유목민 계통의 선(先)주민이라는 견해가 일찍부터 제시되어 설득력 있는 근거를 제시하고 있는 실정이기에 앞으로의 추가적인 연구가 기대된다.

월지는 흉노에게 패하여 왕의 두개골이 흉노의 술잔이 되는 수모를 당했다고 한다. 이들 중 서쪽으로 이동하여 현재 중국의 신장-위구르 자치구와 카자흐스탄을 흐르는 일리강 인근에 정착한 집단을 대월지라 불렀다. 서쪽으로 이동하지 않고 타림 분지 남쪽의 곤륜산맥을 따라 이어진 산지에 남은 월지는 소월지(小月氏, 小月支)라 불렀다.

쿠샨족의 쿠줄라 카드피세스는 기원 전후 대월지의 다른 집단을 모두 통합했다. 쿠줄라는 스스로 '마하라자(대왕)' '라자디라자(왕 중의 왕)'라 일컬으며 인도 서북부의 페샤와르 분지와 카슈미르까지 남하하여 영토를 확장했다. 쿠줄라는 자신의 얼굴 등이 새겨진 화폐를 발행하여 자신의 세력을 널리 알렸다. 그는 기원후 1세기에 살았던 것으로 보이며, 80대까지 장수를 누렸다고 한다.

- **쿠샨 왕조의 금화**

  풍요의 여신이 새겨진 쿠샨 왕조 금화이다. 금화 앞에는 카니슈카 왕이 '왕 중의 왕(þAONANOþAO) 카니
  슈카 쿠샨(KANηþKI KOþANO)'이라는 글과 함께 새겨져 있으며, 뒷면에는 풍요의 여신이 풍요의 뿔을 들고
  있다.

그의 뒤를 이어 왕위에 오른 비마 탁토와 비마 카드피세스는
인더스강 하구로부터 힌두쿠시산맥 너머 지역까지 세력을 확대
했다. 이로써 홍해를 지나 지중해 세계와 인도를 연결하는 해상
로를 차지했을 뿐 아니라 서아시아와 중국을 연결하는 통상로를
확보했다. 활발한 통상은 화폐 유통을 촉진시켜 이전보다 다양
하게 디자인된 화폐와 더불어 금화도 주조되었다.

쿠샨 왕조는 비마 카드피세스의 뒤를 이은 카니슈카 집권기에
전성기를 누렸다. 그는 동쪽으로 코샴비와 파탈리푸트라, 참파까
지 진출했다. 북쪽으로는 타림 분지, 서북쪽으로는 지금의 우즈
베키스탄과 타지키스탄이 쿠샨의 지배 아래 놓여 있었다. 아프

카니스탄의 대부분도 쿠샨 왕조가 지배했다.

또한 카니슈카는 쿠샨이 공식적으로 사용하던 그리스어 대신에 아리아어를 사용하도록 했다. 여기서 아리아어는 요즘 학자들이 박트리아어라 부르는 것인데, 박트리아에서 쓰던 중기 이란어를 의미한다. 쿠샨 또는 월지가 원래 어떤 말을 썼는지 확실치 않으나, 이른바 박트리아어는 이들이 박트리아에 정착하면서 쓰게 된 말이다. 쿠줄라 카드피세스와 비마 탁토, 비마 카드피세스는 모두 화폐에 그리스 문자로 그리스어를 사용하거나 카로슈티 문자로 인도 서북 지역어를 사용했다. 카니슈카는 이러한 관행에서 벗어나 자신의 집권기부터 쿠샨의 화폐와 공식적인 기록에 박트리아어를 그리스 문자로 썼다. 이는 쿠샨 왕조의 정체성에 대한 상징적인 선언이라 할 수 있다.

05

큰 수레바퀴가 굴러가다

쿠샨이 등장하여 흥기하던 무렵, 즉 기원전 1세기부터 기원후 2세기경에는 불교사에서 중요한 변화들이 일어났다. 쿠샨이 이러한 변화를 주도했다고 볼 수는 없으나, 불교 역사책에서 카니슈카는 불교를 적극 후원했던 왕으로 기억된다. 『법현전』에 따르면 부처가 생전에 불루사국(弗樓沙國, 페샤와르 일대)을 지나가다 자신이 열반에 든 후 카니슈카 왕이 나타나서 그곳에 불탑을 세울 것이라 예언했다고 한다.

대승불교의 기초를 마련한 쿠샨 왕조

훗날 카니슈카가 부처가 남긴 예언을 듣고 높이가 400척(약 121미터)에 달하는 거대한 불탑을 세웠다고 한다. 현장이 남긴 『대당서역기』에도 같은 이야기가 전해지며, 불탑 옆에는 역시 카니슈카가 지은 커다란 절이 있었다고 한다. 불탑과 절의 흔적은 실제로 페샤와르 외곽에서 확인되었다. 또한 카니슈카는 날마다 스님을 초빙하여 불법을 배웠는데 여러 부파가 난립하여 부파마다 이론이 다른 것을 보고 카슈미르에서 수백 명의 아라한을 모아 불교 교리를 논의하게 했다.

이를 불교에서는 제4차 결집(結集, Samgiti)이라 한다. 결집은 '합송(合誦)'이라고도 하는데, 부처가 입멸(열반에 들어감)한 후에 그 가르침에 대한 해석의 오류나 논란을 해결하기 위해 자격이 있는 사람들이 모여 가르침의 내용을 함께 암송하고 내용을 확인하고 경전을 편찬한다.

제1차 결집은 부처 입멸 직후 마하가섭의 주재 아래 라자그리하에서 열린 것으로 알려져 있다. 부처의 가르침을 제일 많이 들었다는 아난이 부처로부터 들은 내용을 먼저 말하고 500명의 아라한이 이를 승인하고 합송했다. 이때에 지금까지 전해지고 있는 상당수의 경전이 만들어졌다. 경전의 첫 구절이 '여시아

문(如是我聞: 이와 같이 내가 들었다)'으로 시작하는 것은 이 때문이다. 500명이 결집에 참여했기에 500결집이라고도 부른다.

제2차 결집은 부처가 세상을 떠난 후 100년경에 바이샬리에서 이루어졌다. 제2차 결집에서는 규정된 시간 이외에 식사를 하거나 탁발을 하는 것, 스승의 행위를 선례로 삼아 자신의 행위를 정당화하는 것, 금과 은을 보시로 받는 것 등을 비롯한 10가지 계율을 주제로 토론했다. 여기서 전통 보수파인 상좌부와 개혁파인 대중부가 대립하여 분열되었다. 제2차 결집은 700명이 참석하여 700결집으로 불린다.

제3차 결집은 부처 입멸 후 200년경 아소카 집권기에 수도인 파탈리푸트라(현재의 파트나)에서 1,000명의 대표자가 모여 해이해진 교단을 정비하고 해외에 불교를 전파하기 위해 개최되었다고 한다. 제3차 결집 후에 스리랑카 등 각 지역에 전법사가 왕명으로 파견되었다. 제3차 결집과 전법사의 파견으로 인도의 불교는 세계의 종교로 성장하는 계기를 마련한 셈이다.

카니슈카 왕 때 이루어진 제4차 결집은 카슈미르의 쿤달라바나에서 개최되었다. 이 결집은 불교 경전의 필사본을 수집하여 토론하고 20여 부파로 분열되어 있던 종파 간의 다양한 교리를 조정하여 표준적인 교리를 수립하기 위해 소집되었다. 아스바고

사와 바수미트라는 이 결집을 주도하여 기존 경전에 대한 주석서를 만들었다. 제4차 결집은 인도 불교 역사뿐 아니라 세계 불교 역사에 새로운 장을 여는 자리였다. 이 결집을 통해 대승불교의 기초가 만들어졌고, 대승불교가 동아시아에 전파되는 계기가 되었다.

불상의 시작 간다라 미술

쿠샨 왕조 시대에는 불교 미술도 융성했다. 많은 불교사원이 건립되고 그 안에 많은 불상이 조성되었다. 카니슈카 때 쿠샨에게 복속된 중인도의 마투라에서는 카니슈카와 그 아들 후비슈카 시대에 걸쳐 많은 불상이 만들어졌다. 마투라에서 만들어진 불상이 서아시아의 영향을 일부 반영하면서도 완연히 인도풍이었던 데 반해, 간다라에서는 서양 고전 양식과 이란계 양식을 반영한 독특한 형식의 불상이 만들어졌다. 간다라에서 질적으로 가장 우수한 조상이 만들어진 것도 카니슈카 집권기 때였다.

수많은 불교사원과 불상이 마투라와 페샤와르 분지·탁실라·스와트, 더 북쪽으로 쿠샨의 북쪽 도읍이던 카불 분지의 베그람, 아프가니스탄 북부의 발흐 인근, 우즈베키스탄 남부의 테르메즈에 이르기까지 광범한 지역에서 조성되었다.

- **마투라 불상(좌), 간다라 불상(우)**
  헬레니즘 문화의 영향을 받아 제작된 간다라 지방의 불상은 곱슬머리, 오똑한 코, 입체적이고 굵은 옷
  주름 등에서 마투라 불상과 다른 모습을 보여준다.

앞서 언급한 것처럼 초기 불교도는 부처의 모습을 구체적으로 만들지 않고 연꽃·보리수·법륜·발자국 등으로 표현했다. 즉 불상이 존재하지 않는 시대가 지속되었던 것이다. 하지만 간다라 지방에서는 알렉산드로스의 원정 이래 인간의 육체를 사실적으로 표현하는 헬레니즘 미술이 유행했는데, 그 영향을 받아 1세기경부터 부처를 인간의 모습으로 표현하기 시작했다.

간다라는 원래 '간다리족이 사는 땅'이라는 의미이다. 간다리족은 오래전부터 인도에 들어온 인도 아리아인의 일파로 보인다. 이 종족이 정착했던 인도 서북지역을 오랫동안 간다라라고 부르고 있다. 간다라는 부처가 출현한 기원전 5세기 이후에 쓰인 『불경』에서 당시 인도를 지배하던 16국을 언급할 때 빠짐없이 등장한다. 이를 통해 인도인들이 오래전부터 간다라를 페르시아가 아닌 인도의 한 부분으로 여기고 있었다는 사실을 알 수 있다.

간다라의 지역적 범위는 시대에 따라 다소 차이가 있지만, 우리가 '간다라 문화' 또는 '간다라 미술'이라고 할 때의 간다라는 페샤와르 분지를 비롯하여 그레코로만 양식의 조각이 출토된 그 주변의 여러 지역, 즉 서쪽의 카불 분지와 잘랄라바드, 북쪽의 스와트, 동남쪽 인더스강 동안의 탁실라 일대를 포괄하는 의미로 쓰인다.

인도를 거꾸로 서 있는 원뿔 모양으로 비유했을 때, 간다라를 그 원뿔의 유일한 구멍이라 부를 만큼 간다라는 인도의 관문 역할을 하는 지역이다. 거미줄같이 사방으로 뻗어 있는 여러 갈래 길의 접점에 위치하고 있기 때문이다.

간다라 미술은 이곳에서 기원 전후부터 수세기에 걸쳐 번성했던 독특한 성격의 불교 미술을 가리킨다. 간다라 미술은 인도의 불교를 주제로 하고 있지만, 조형 양식은 헬레니즘의 영향을 받은 것으로 동·서양이 혼합된 미술이었다. 불교 소재를 그리스 양식으로 표현하여, 머리는 물결형이고 옷은 양쪽 어깨에 걸쳐 입었으며 허리는 잘록하게 들어간 그리스인을 닮은 불상이 제작된 것이다.

쿠샨 왕조 시기에 이러한 형태의 불상이 본격적으로 제작되었다. 불상이 가장 먼저 조성된 지역에 대해서는 의견이 분분했으나 최근에는 간다라와 마투라, 이 두 지역에서 동시대에 만들어진 것으로 보고 있다. 간다라 미술은 기원후 2세기경 잠시 쇠퇴했으나 3세기 초에 다시 발전하여, 한국·중국·일본 등의 불교 미술에 큰 영향을 미쳤다.

누구든지 부처가 될 수 있다

불교는 근본 불교 시대, 부파 불교 시대, 대승불교 시대로 나눌 수 있다. 근본 불교는 부처가 생존해 있던 시기와 부처가 열반에 든 후 100년경까지의 초기 불교를 말한다. 이 시기는 부처에게 가르침을 받은 제자들이 살아 있던 시기이므로 부처의 근본적인 가르침이 생생하게 살아 있었다.

부처 열반 이후 100년경 출가자(스님)의 생활 계율에 관한 해석 문제로 상좌부와 대중부의 분열이 일어나는데 이를 '근본 분열'이라 부르고, 분열 이후를 부파 불교 시대라 한다. 근본 분열은 전통적이고 보수적인 입장의 상좌부와 진보적인 입장을 대변하는 대중부를 중심으로 일어났다. 상좌부는 부처가 말씀한 계율을 엄격히 지켜야 한다고 주장한 반면, 대중부는 융통성을 발휘하자고 주장했다. 두 파의 분열을 시작으로 불교는 20여 개의 부파로 나뉘었다.

각 부파는 자신의 정당성을 주장하고 학문적인 우위를 점하기 위해 불교를 학문적으로 연구하기 시작했다. 이로 인해 출가자들은 점차 대중과 멀어지게 되었고, 불교는 출가자 중심으로 변질됐다.

스님들이 파벌을 지어 자신만이 옳다고 주장하고 싸우며 불교를 일부 출가자의 전유물로 여기는 모습에 회의를 느낀 불교 신자들이 기원전 1세기경 대승불교 운동을 일으켰다. 대승불교에서 대승(大乘, Mahayana)은 '큰 수레'를 뜻하는 것으로 불교에서 말하는 천당인 극락에 가는 수레에 스님이 아닌 일반인 재가자도 탈 자리가 충분히 많다고 보는 것이다. 대승불교에서는 출가하여(스님이 되어) 『불경』을 공부해야 깨달음을 얻고 극락에 갈 수 있다고 주장한 기존의 불교와 달리 다른 사람을 이롭게 하는 행위(이타행)를 통해 누구든지 깨달음을 얻고 부처가 될 수 있다고 인식한다.

부처를 신앙의 중심으로 두고 대중 구제를 외친 가르침을 근본으로 삼아 일반 재가자도 해탈을 얻을 수 있다는 믿음은 출가자 중심의 불교를 대중 중심의 불교로 바꿔놓았다. 대승불교를 신봉하는 이들은 출가자의 해탈만을 중시하는 기존 불교 집단을 작은 수레, 즉 소승(小乘)이라 폄하했다.

　대승불교는 불교 부파의 대립을 종식시키고 대중에게 불교를 전파시키려 한 카니슈카 왕의 불교 장려 정책에 힘입어 더욱 발전했다. 쿠샨 왕조의 많은 승려들은 불법을 전하기 위해 중국으로 향했다. 쿠샨은 중국인들에게 월지(月氏)라고 불렸고, 이는 월지(月支)와 통용되었기 때문에 이들 승려는 월지 출신이라는 뜻으로 '지(支)'라는 성으로 불리곤 했다. 대표적인 인물로 지루가침(支婁迦讖)과 지겸(支謙) 등을 들 수 있다.

동아시아에 전해진 불교의 특징

동아시아에 전래된 불교는 원래 인도에서 창시된 불교와 상당히 다른 모습을 갖게 되었다. 가장 큰 특징으로 호국적인 성격을 들 수 있다. 이는 동아시아 각국에서 왕권을 강화하고 사회를 안정시키기 위한 사상으로서 지배층이 먼저 불교를 받아들인 결과였다. 군주를 세상에 내려온 부처라 하고 군주의 얼굴을 본떠 불상을 만들기도 했다.

　동아시아에서 불교 교리에 대한 이해가 깊어지면서 다양한 종파가 등장했다. 특히 남북조 시대에 창시된 선종은 동아시아 불교의 특징적인 종파이다. 인도에서는 승려의 육체 노동을 금지하는 데 비해, 중국은 선종이 발달하면서 승려의 노동을 종교적 수양의 일부로 인식하고 이를 장려했다. 한반도에는 신라 말에 선종이 본격적으로 도입되어 고려 왕조 개창의 사상적인 기반이

• **윈강 석굴 제20굴 대불**
　북위 태조의 얼굴을 본떠 대불의 얼굴을 만들었다고 한다.

되기도 했다.

　중원 지역에서는 불교가 효와 조상 숭배를 강조하는 유교관습을 수용하여 『부모은중경』처럼 효를 강조하는 새로운 경전이 만들어졌다. 한편으로 우리나라의 경우에는 불교가 토속신앙과 융합하여 산신령을 모시는 산신각, 칠성님을 모시는 칠성각 등이 세워졌다. 일본에서는 불교가 고유 신앙인 신토(神道)와 결합하여 토착신이 부처나 보살로 여겨진다.

『아르타샤스트라』에서
어떤 교훈을 찾을 수 있을까?

아르타샤스트라는 번영·재물·경제적 안정을 뜻하는 '아르타' 와 규칙 또는 과학·이론을 의미하는 '샤스트라'가 합쳐진 말로 정치형태론(treatise on polity), 물질적인 이익에 대한 과학(science of material gain), 정치경제학(science of political economy) 등과 같이 다양 한 형태로 번역된다. 서명에 대한 다양한 번역만큼이나 『아르타 샤스트』라는 행정·법률·경제·외교 정책과 관련된 다양한 내용 을 담고 있는데, 이는 궁극적으로 효과적인 국가 통치로 수렴된 다. 이 책은 부(경제)의 증대, 정의(법과 질서)의 실현, 그리고 정복(영 토의 획득)을 위한 현실적이고 과학적인 방법을 제시했다.

　이 책의 저자 카우틸리야는 운명을 믿고 미신에 의존하며 수 동적인 자세를 취하는 태도를 비판했다. 특히 통치자는 종교가 아니라 합리적인 이성에 의존하여 국가를 운영해야 한다고 주장했다. 그는 인간의 힘으로 운명을 극복할 수 있다고 생각하며 종교와 정치의 분리를 요구했다. 즉 현실을 올바르게 인식하고, 과학적 방법을 통해 최상의 현실을 구현하는 것이 통치자의 역할이라 여긴 것이다. 우연적인 결과가 아니라 의도된 결과를 만들어내는 것은 통치자의 몫이며, 의도된 결과는 '계산된 권력'의 사용을 통해 가능해진다는 것이 카우틸리야의 주장이다. 따라서 카우틸리야는『아르타샤스트라』에서 과학적이고 현실적인 교훈을 제시하고, 이를 바탕으로 통치자의 현명한 정치를 기대했다.

하지만 카우틸리야는 국가 발전을 위한 궁극적인 방법으로 영토 확장을 위한 전쟁을 들며 폭력의 정당성을 주장했다. 전쟁 수행은 통치자의 강력한 권력에 기인한다. 이러한 이유로 카우틸리야는 통치자의 권력 확보를 위한 모든 폭력을 정당화했다. 심지어 통치자의 권력에 의심하는 사람에 대한 고문과 암살 방법을 상세히 제시하기도 했다.

그럼에도 불구하고 아르타샤스트라는 국가 건설과 운영에 가장 현실적인 교훈을 제공하는 책이라는 평가를 받으며, 많은 사람들의 필독서로 자리 잡았다. 이 책의 내용을 살펴보고 그러한 이유를 탐구하는 자세가 필요하다. 또한 오늘날의 통치자가 갖추어야 할 자질에 대해 고민해보아야 할 것이다.

찬드라굽타 1세는 유력 가문과의 혼인을 통해 굽타 왕조가 크게 성장하는 기초를 마련했다. 불교는 굽타 왕조 시기에 힌두교에 밀려 점차 쇠퇴하기 시작했다. 한편 굽타 왕조 시기에는 여러 분야에서 인도 고유의 색채가 짙어졌다. 브라만 계급의 언어인 산스크리트어가 공용어가 되면서 『라마야나』『마하바라타』와 같은 산스크리트 문학이 발전했다. 아잔타 석굴 사원 등에서 보이듯 서구적인 불상의 얼굴과 옷차림은 다시 인도의 모습으로 되돌아왔으며, 불교 미술은 여전히 예술의 중심에 서 있었다. 문학과 예술의 발전 못지않게 과학 분야의 성장도 두드러졌다. 아리아바타, 브라마굽타 등은 현대 수학의 기초를 마련한 것으로 평가된다. 이 시기에는 인도의 문화가 동남아시아로 본격적으로 전파되기 시작했으며, 지금도 그 흔적을 찾을 수 있다.

제2장

굽타 왕조 시대

01

결혼동맹을 통해 일어서다

3세기 중반, 사산 왕조 페르시아의 세력이 인더스강 유역으로 확대되면서 쿠샨 왕조의 영향력이 약화되었다. 이 틈을 타고 북인도에서는 여러 가문이 성장하기 시작했는데, 마가다 지역의 굽타 가문도 그중 하나였다. 스리굽타는 새로운 나라를 세웠지만, 여전히 세력은 미약했다. 굽타 왕조는 스리굽타의 손자인 찬드라굽타 1세 때부터 지방의 작은 나라에서 벗어났다.

굽타왕조의 성장과 쇠퇴

찬드라굽타 1세(재위: 320~335)는 바이샬리 지역을 통치한 리차비 가문의 공주 쿠마라데비와 결혼한다. 리차비 가문과 결혼을 통해 찬드라굽타 1세는 정치·경제적인 지원을 확보했다. 이 결혼은 찬드라굽타 1세와 굽타 왕조의 성장에 날개를 달아준 것이다. 찬드라굽타 1세는 자신의 집권기에 만든 주화에서 이 결혼을 드러냈으며, 심지어 그의 아늘인 사무드라굽타는 자신을 굽타 왕의 아들이라고 말하기보다 '리차비 공주의 아들'이라고 표현했다. 이러한 사실은 리차비 가문의 세력이 당시에 얼마나 컸으며, 그 가문과의 결혼이 어떤 의미를 갖는지 잘 보여준다.

찬드라굽타 1세가 통치한 기간은 15~20년으로 추정될 만큼 짧았다. 하지만 그동안 그는 '왕 중의 왕'이라 불릴 만큼 굽타 왕조가 성장하는 기초를 마련했다. 그는 영토 확장에 힘써 코살라와 코삼비를 점령하는 등 비하르와 벵골, 그리고 알라하바드에 이르는 넓은 지역을 정복했다. 찬드라굽타 1세는 큰아들이 아니라 가장 유능한 아들에게 왕위를 물려주기로 결정했다. 그 결정에 따라 왕위를 이어 받은 이가 사무드라굽타이다. 다른 형제를 제치고 왕위에 오르는 과정은 순탄하지 않았지만 자기 어머니의 나라인 리차비 왕국의 지원을 얻어내어 권력의 정당성을 확보했다.

사무드라굽타는 정치뿐 아니라 군대 지휘에도 탁월한 능력을 발휘했다. 그는 북인도 대부분 지역을 점령하여 동쪽으로는 벵골과 오리사까지, 서쪽으로 펀자브, 북으로는 카슈미르, 남으로는 데칸에 이르는 대제국을 건설했다. 사무드라굽타는 자신에게 충성을 맹세하는 자들에게는 그 영토를 합병하여 직접 지배하기보다 조공을 받는 것에 만족했다. 많은 정복지에서 토착 세력의 지배를 그대로 인정하는 간접 통치 전략을 펼친 것이다. 그 결과 그가 직접 정복한 지역은 갠지스강 유역과 힌두스탄 평야에 한정되었다.

사무드라굽타는 왕조 수립 초기 재정과 군사력이 부족한 상태에서 정복지를 강압적으로 통치하다 오히려 왕조가 무너질 수 있다는 사실을 잘 알고 있었다. 이는 왕건이 고려를 건국한 직후 모든 지방을 직접 통치하기보다 토착 세력을 사심관으로 임명하여 해당 지역의 통치를 맡긴 것과 같은 맥락으로 볼 수 있다.

사무드라굽타가 사망한 이후 그의 아들 찬드라굽타 2세가 왕위를 계승했다. 그는 아버지의 영토 확장 정책을 계승하는 동시에 할아버지처럼 결혼을 통해 나라의 안정을 도모하고 세력을 확대하고자 했다. 이번에는 자신의 결혼뿐만 아니라 자식의 혼인을 통해서 힘을 얻을 수 있었다.

찬드라굽타 2세는 중앙 인도 지역에서 커다란 세력을 떨치고 있던 나가 왕조의 쿠베라나가를 왕비로 맞이하여 이들과 평화조약을 체결하는 한편, 데칸 지역에서 위세를 떨치고 있던 바카타카 왕조의 루드라세나 2세에게 자기 딸을 출가시켜 동맹을 맺었다. 특히 바카타카 왕조와의 혼인은 서부 데칸 지역에 대한 정치적 안정과 지배력을 확대시키는 발판이 되었다. 이로써 사무드라굽타가 무력으로 정복한 동부 데칸 지역과 더불어 데칸의 전 지역이 굽타 왕조의 영향 아래 들어오게 되었다.

찬드라굽타 2세는 이처럼 결혼 정책을 통해 자신의 확고한 기반을 다지는 한편 군사력에 의한 영토 확장에도 힘썼다. 그는 내부 분란으로 세력이 약화된 샤카족의 서사트라프 왕국을 공격하여 그 영토를 합병했다. 이 사건은 굽타 왕조에 아주 중요한 의미를 지닌다. 서사트라프 왕국은 아라비아해에 접해 있어 일찍부터 유럽과의 해상 무역이 발달했다. 그렇기 때문에 굽타 왕조가 이 지역을 합병했다는 사실은 바로 유럽의 알렉산드리아와 직접적인 해상 무역로를 확보했다는 것을 의미한다. 이로 인해 굽타 왕조는 문화적으로도 유럽과 페르시아의 영향을 받기 쉬운 위치에 있게 되었다. 이것은 당시의 화폐인 은화에 새겨진 상들이 사산 왕조 페르시아의 영향을 강하게 받고 있다는 사실에서도 뚜렷히 드러난다.

또한 굽타 왕조가 서쪽 지역으로 진출함에 따라 경제의 중심도 점차 동쪽에서 서쪽으로 이동하기 시작했다. 이 때문에 굽타 왕조는 수도를 파탈리푸트라에서 서북지역의 아요드야로 옮겼다. 결과적으로 굽타 왕조는 서사트라프 왕국의 정복을 통해 동쪽의 벵골만과 서쪽의 아라비아해에 이르는 전 지역을 차지함으로써 동서양의 해상 무역을 독점하여 경제적으로 상당히 풍요로운 위치에 서게 된 것이다.

펀자브를 제외한 북인도 전 지역을 장악한 찬드라굽타 2세는 종교·문학·예술의 발전에도 커다란 공헌을 했다. 이 시기에 인도의 가장 위대한 예술가 가운데 한 명인 칼리다사가 궁정시인으로 초빙되는가 하면 중국의 승려 법현이 인도를 방문했다. 이를 바탕으로 인도 고대사를 연구하는 많은 역사학자들이 굽타 왕조의 전성기를 찬드라굽타 2세의 집권기라 평가하고 있는 것이다.

뒤를 이은 쿠마라굽타도 굽타 왕조를 성공적으로 통치한 왕으로 평가된다. 그러나 그의 집권기에 훈족의 침입이 시작되었다. 훈족은 인도 북서쪽 너머에 있던 박트리아 왕국을 멸망시키고 힌두쿠시산맥을 넘었다. 쿠마라굽타와 스칸다굽타는 훈족의 침입을 잘 막아냈으나, 오랫동안 큰 전쟁을 치르면서 국력은 점차 약화되기 시작했다. 이 시기에 발행된 금화의 수가 줄어들었으며, 금의 함량이 낮아졌다는 사실은 이를 짐작하게 한다. 스칸다 굽타 이후 왕위를 둘러싼 내부 분열이 심해져 굽타 왕조는 사실상 화려한 시대에 종말을 고했다. 결국 굽타 왕조는 6세기 중엽 인도 역사에서 사라지게 되었다.

훈족의 인도 침입은 북인도에 커다란 변화를 가져왔다. 그 가운데 무엇보다 중요한 사실은 훈족의 인도 침입을 계기로 중앙아시아의 다른 민족들 역시 인도로 들어오기 시작한 것이다. 이들 대부분은 주로 북부 지역에 머물렀지만 그 가운데 일부는 서인도와 남인도 지역까지 진출했다. 이들 이민족 가운데 특히 구르자라족은 지금의 구자라트 지역에 정착하여 후에 힌두교를 신봉하면서 인도인으로 정착했다. '구자라트'라는 말은 이들 구르자라족이 정착한 땅이라는 말에서 나온 것이다.

어깨를 펼치는 힌두교

'힌두(Hindu)'는 오늘날에 파키스탄을 흐르는 인더스강(산스크리트
어로 Sindhu)의 명칭에서 기원한 페르시아어이다. '인더스강 유역
의 사람들'을 의미했는데, 인도에 침입해온 무슬림이 자신들과
종교를 달리하는 인더스강 유역의 원주민을 '힌두'라고 하여, 인
도인을 의미하게 되었다. 이것이 영어 등의 유럽어에도 채용되
어서 힌두의 종교·문화를 가리키는 '힌두이즘(Hinduism)'이라는
말이 만들어졌다. 힌두교는 이 말의 번역어이다. 그러나 인도에
는 아직 이 말에 정확하게 대응하는 말이 없다.

인도의 일상적인 삶 힌두교

힌두교도 중에는 자신들의 종교를 '사나타나 다르마(영원한 법)'
나 '바이디카 다르마(베다의 법)'라고 하는 사람도 있지만, 보편적
으로 통용되는 말은 아니다. 힌두교라는 말은 가끔 브라만교와
구별해서 사용되는 경우가 있는데, 이 경우에 브라만교는 불교
흥기 이전에 브라만 계급을 중심으로 『베다성전』에 의거해서 발
달한 종교를 가리킨다. 그리고 힌두교는 기원전 6세기~기원전
4세기에 브라만교가 토착 민간신앙 등을 흡수해서 크게 변모한
형태를 가리킨다.

힌두교는 특정한 교조에 의해 창시된 것이 아니라, 인도 지역
에서 자연스럽게 태어난 것이다. 힌두교를 의미하는 적당한 말
이 인도의 언어에 없다는 사실이 보여주듯, 힌두교는 종교 관념
이나 의례와 융합된 사회 관습적 성격을 다분히 가지고 있다.

힌두교는 유일신을 숭배하는 크리스트교 등이 배타적 성격을
가지고 있는 것과 대조적으로, 포섭력을 가지며 모든 것을 흡수
하여 성장한다. 힌두교는 고도의 신학이나 윤리 체계를 포괄하
고 있을 뿐만 아니라, 카스트 제도를 비롯해 인간생활의 전반을
규정하는 제도, 풍습 등을 내포하고 있다. 힌두교를 종교라기보
다는 오히려 '인도의 일상적인 삶'이라고 하는 것도 이러한 성격

• **비슈누(좌)와 시바(우)**

　신화나 조상에서 묘사되는 비슈누의 모습 가운데 가장 일반적인 것은 네 손에 고동(생명의 근원), 원반(악마를 죽이는 무기), 철퇴(원초적 지식), 연꽃(평화)을 가지고 서 있는 잘생긴 남성의 모습이다. 시바의 이마 정중앙에는 빛으로 모든 것을 불태워버린다는 제3의 눈이 있다고 전해진다.

에서 비롯된다.

　이에 따라 힌두교의 신도 무척 다양하다. 세상 만물이 모두 숭배의 대상이 되는데 시대에 따라 변천했다. 가령 『리그 베다』시대에 유력한 인드라와 바루나 등은 다음 시대에는 세력을 잃었다. 오늘날 힌두교에서 인도전역에 걸쳐서 숭배되고 있는 신은 비슈누와 시바이다. 힌두교는 이외에 브라흐마를 더한 세 가지 신을 중추로 발달하고 있으며, 브라흐마는 우주 창조를, 비슈누는 우주 유지를, 시바는 우주 파괴를 담당한다고 인식된다. 그러나 브라흐마는 중세 이후 세력을 얻지 못하고, 비슈누와 시바가 믿음의 중심으로 자리를 잡았다.

힌두교의 성장과 불교의 쇠퇴

굽타 왕조에 접어들면서 힌두교는 크게 발전한 반면, 불교는 쇠퇴하는 모습을 보인다. 불교는 굽타 왕조를 거치면서 인도에서 대중적인 종교로 성장하지 못하고 힌두교에게 주도권을 넘겨주었다. 인도에서 불교가 쇠퇴하게 된 원인에 대해 인도의 초대 수상이었던 네루는 다음과 같은 말을 남겼다.

힌두교와 불교 사이에 충돌이 있었던 것은 사실이지만, 인도에서 불교가 공격을 받아 사라진 것은 아니다. 이러한 충돌은 대개 정치적 원인에서 일어났고, 본질적인 변화는 가져오지 못했다. 불교가 아무리 전성하던 시기에도 불교에 의해 힌두교가 밀려나간 사실이 없음을 기억해야 한다. 불교가 전성하던 시기에도 힌두교는 여전히 널리 유포되고 있었다. 불교는 스스로 사망한 것이다.

불교가 외부의 공격을 받아 사라진 것이 아니라 스스로 사망했다는 말은 불교가 내재적인 이유로 쇠퇴를 초래했다는 의미이다. 불교는 굽타 왕조 이전에도 그러했지만, 그 후에도 독자적인 의례를 만들어내지 못했다. 초기 불교는 브라만의 제사 만능주의에 대한 반발로 일어났기 때문에 대규모의 제사 의식은 물론 일상적인 의례를 부정했다. 하지만 이는 자신의 안녕과 소원 성취를 바라는 과정에서 기도를 하는 인간의 기본적인 욕구와 배치되었다. 대승불교의 등장으로 부처가 중생 구제를 위해 신격화되는 과정에서 불상이 제작되고 여기에 절을 하고 기도하는 의례가 등장했지만, 독자적인 형식이 확립되지는 못했다. 그리하여 불교도들은 그들의 정서에 맞게 대중적 민간신앙인 힌두교에 좀 더 가깝게 접근했다. 이런 과정에서 불교와 힌두교 사이의 구분이 점차 사라졌다.

불교의 대중화를 이끈 대승불교의 등장은 모순적이게도 불교가 힌두교에 융해되어 주체성을 잃고 독자성을 상실하는 계기가 되었다. 특히 굽타 왕조 시대에 불교는 힌두신과 힌두의 주술적 의례를 대폭 수용했다. 그 결과 불교는 힌두 세계에서 개혁적인 종교의 근거를 상실하여, 결국 부처가 비슈누 신의 화신(化身)으로 간주되고 말았다. 현재 힌두교도들은 부처를 비슈누 신의 아홉 번째 화신이라 믿고 있기 때문에 그들에게 부처는 힌두교의

| 마츠야 | 쿠르마 | 바라하 | 나라싱하 | 바마나 |
| 파라슈라마 | 라마 | 크리슈나 | 부처 | 칼키 |

- **비슈누의 열 가지 화신**

  화신은 비슈누가 다른 인물이나 동물 등 다양한 모습으로 세상에 나타난다는 것으로, 여러 부족과 다양한 카스트가 숭배하는 신을 비슈누에 통합하는 근거가 되었다. 불교의 부처마저 비슈누의 아홉 번째 화신으로 간주된다.

주신(主神) 비슈누 그 자체인 것이다.

이처럼 '불교의 힌두화'가 진행되고 있었지만, 승려들은 오히려 신도와 멀어져 쿠마라굽타가 창건한 날란다 대학에서 불교를 연구하는 등 '불교의 학문화'를 진행했다. 대승불교 초기에는 신도 중심의 불교가 형성되어 민중과의 거리가 좁혀졌지만, 점차 사원, 그리고 날란다와 같이 연구 기관 중심의 불교로 변화된 것이다. 이러한 과정에서 불교가 대중과 멀어진 것은 어찌 보면 당연한 일이다. 『불경』이 굽타 왕조에 들어서 속어인 팔리어와 프

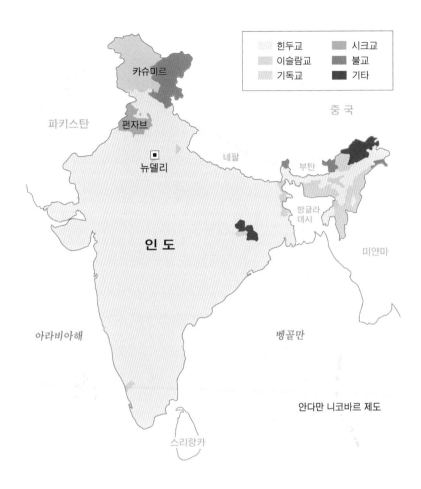

지도 범례:
- 힌두교
- 이슬람교
- 기독교
- 시크교
- 불교
- 기타

카슈미르
파키스탄
펀자브
뉴델리
중 국
네팔
부탄
방글라데시
미얀마
인 도
아라비아해
벵골만
안다만 니코바르 제도
스리랑카

- **오늘날 인도의 종교**

  인도의 각 행정 구역에서 다수를 차지하는 종교를 색상으로 나타낸 결과 대부분 지역이 힌두교로 표시된다.

라크리트가 아닌 귀족의 언어인 산스크리트어로 작성된 것도 이러한 현상에 영향을 주었다.

불교가 쇠퇴하게 된 또 다른 원인으로는 불교 교리가 농민 생활과 동떨어져 있었기 때문이라는 사실을 들 수 있다. 농민들은 살생을 금지한 불교 교리를 지키기 어려운 것은 물론이고 직업의 특성상 해와 하늘 등 자연을 숭배하는 의식을 자주 거행했던 것이다. 특히 농사를 지을 때 의도하지 않게 많은 동식물을 죽이게 되므로 농민들은 살생을 부정하는 불교와 점차 멀어졌다. 불살생을 규정한 불교는 자이나교와 함께 상인 계층이 많이 믿었는데, 이들은 왕조의 흥망에 따라 세력 변동이 심했다. 그리하여 불교는 일정한 지원을 받기 어려웠다.

굽타 시대의 왕들은 종전의 마우리아 왕조 시대와는 달리 자신을 '왕 중의 왕' 또는 '인간의 모습을 한 신(avatara)' 등으로 부르기 시작했다. 칭호의 격상을 통한 왕의 신격화 또는 왕권의 절대화는 불교적인 사고 속에서는 사실상 불가능한 일이었다. 불교는 애초에 출발부터 만민 평등을 통해 카스트 제도를 폐지하고 동물 희생제를 반대하는 불살생의 법으로 모든 존재에게 무한한 자비의 실현을 요구했다.

또한 불교의 궁극 목표인 깨달음(열반) 역시 신과 같은 외부의 도움 없이 철저하게 진리와 자기 자신에 대한 노력만으로 가능한 것이라고 주장했다. 그리하여 굽타 왕조는 왕권 강화를 위해 신을 인정하는 종래의 브라만교를 받아들이고 힌두교에 귀의했다. 이 과정에서 불교가 쇠퇴하게 된 것은 필연적인 일이었다.

03

짙어지는 인도의 색

굽타 왕조 시대에는 경제적인 풍요를 바탕으로 문학과 예술 방면에 많은 성과가 나타났다. 문학에서는 브라만 계급의 언어인 산스크리트어가 공용어가 되면서 산스크리트 문학이 발달했는데 대표적으로 『라마야나』와 『마하바라타』를 들 수 있다.

『라마야나』는 코살라국 임금 라마의 일대기를 담은 대서사시이다. 『라마야나』는 '라마의 행로'라는 제목의 뜻에 어울리게 라마라는 인물을 중심으로 전개되는 사건들이 주 내용을 이루는데 줄거리는 다음과 같다.

산스크리트 문학의 발전

그 옛날 갠지스강 북쪽 기슭에 있던 코살라 왕국은 다사라타 왕의 치하에서 번영을 누리고 있었다. 왕에게는 세 명의 왕비가 있었는데, 왕비 카우살랴는 라마 왕자를, 왕비 카이케이는 바라타 왕자를, 왕비 수미트라는 사트루그나와 락슈마나라는 쌍둥이 왕자를 낳았다. 다사라타 왕이 나이가 들자 큰아들인 라마를 다음 왕으로 정하고 이를 기념하는 의식을 거행하게 되었다. 수도 아요디아는 아름답게 장식되고, 이웃 나라의 왕들도 의식에 참석하기 위해 모여들었다.

그런데 의식의 전날 밤, 다사라타 왕의 총애를 받던 왕비 카이케이가 왕과 한 약속을 앞세워 자신의 아들 바라타를 다음 왕으로 정하고 라마를 14년간 내쫓으라고 왕에게 다그쳤다. 결국 라마는 자신의 아내 시타와 동생 락슈마나를 데리고 수도를 떠났다. 다사라타 왕이 죽은 이후에 바라타는 형 라마를 왕으로 맞아들이려 하나, 라마가 부왕의 뜻을 지켜 이를 받아들이지 않자 형을 대신하여 정치를 맡아보았다.

숲 속에 은둔한 라마는 숲의 정적을 어지럽히는 악마를 혼내주는데, 마왕 라바나가 이를 못마땅하게 여겨 라마의 아내 시타를 납치한 뒤 랑카(지금의 스리랑카)의 성에 감금했다. 라마는 락슈

• **『라마야나』의 한 장면**
원숭이 군대가 라마를 도와 악의 세력과 싸우는 내용을 그린 것이다.

마나와 함께 시타를 찾는 여행길에 올랐다가 도중에 원숭이 왕을 살려주고 그들의 도움을 받게 되었다. 원숭이 장군 하누만은 시타를 찾는 일에 동참하고, 라마와 원숭이 군대는 바다를 건너 랑카로 쳐들어가 격전 끝에 악의 세력에 승리를 거두고 시타를 구출했다.

시타는 정절을 의심받지만 불의 신에 의해 깨끗함이 증명되어 라마와 함께 수도로 돌아왔다. 그러나 시타는 국민들 사이에 의심하는 사람이 아직도 있음을 한탄하며 몸의 결백을 증명하기 위해 숲으로 물러나 땅속으로 사라졌다.

라마는 결백을 알면서도 시타를 잡지 못했다. 백성을 설득하여 자신이 원하는 것을 관철하는 것이 아니라, 아무 말 없이 백성의 뜻을 따르는 군주의 위대한 모습이 바로 라마라는 인물의 성격이기 때문이다. 하지만 라마는 시타를 버린 후 다른 여인을 취하지 않고 황금으로 시타의 상을 만들어 자신의 옆에 세워두었다.

『라마야나』가 『마누법전』과 함께 힌두교의 중요한 경전 역할을 하는 것은 라마의 이러한 모습 때문이다. 『라마야나』에서는 라마를 세상의 유지를 담당하는 비슈누가 인간의 모습으로 등장한 존재로 표현한다. 코살라국의 안위를 유지하기 위해 자신의 자리를 지키며 사랑까지 단념하는 라마의 희생적인 모습에서, 인도 사회의 유지를 위해 카스트 준수를 강조하는 힌두교의 체계를 발견할 수 있다.

'위대한 바라타의 후손들'이라는 뜻을 가진 『마하바라타』는 『라마야나』와 함께 2대 대서사시로 알려져 있다. 『라마야나』나 그 외의 다른 경전과 마찬가지로 이 서사시 또한 신화적인 저자만 있을 뿐 오랜 세월 동안 여러 계보의 시인 또는 학자에 의해 형성된 것이다. 본래 이 서사시의 모티프라고 할 수 있는 쿠루 들판에서의 전쟁은 기원전 10세기 전후해서 실제로 있었던 역사적 사실이었다고 한다. 하지만 현재 10만 개의 경구(警句)로 된 『마하바라타』가 편집된 시기는 아무리 빨라야 기원전 6세기 이후에 시작되었을 것이고, 나중에 첨가된 철학적인 부분이 완성된 기원후 2세기경에야 현재의 형태를 갖추게 되었을 것이다.

수없이 많은 액자식 이야기들이 큰 이야기의 배경을 이루고 있는『마하바라타』는『라마야나』의 네 배에 이르는 방대한 분량과 복잡한 구성으로 그야말로 다양한 인간관계의 문제들을 다룬다.「서문」에도 "이『마하바라타』안에 있는 이야기는 세상 어디에도 있는 이야기이며, 이 안에 없는 이야기는 세상 그 어디에도 없다"고 했다. 이렇게 많은 에피소드를 통해서『마하바라타』는 가능한 모든 인간관계와 문제, 그 배경이 되는 갖가지 상황을 통해서 해답과 기준을 제공한다. 이야기의 주제는 악에 대한 선의 승리와 사회 구성원 개개인의 다르마를 다루고 있으며, 구체적으로는 정치·경제·문화적 배경과 그것을 구성하는 법률·도덕 등에 대한 가치 기준을 포함하고 있다.

『라마야나』는『마하바라타』에 비해 문학작품의 성격이 강하고,『마하바라타』는『라마야나』에 비해 백과사전적인 역사서의 성격이 강하다고 볼 수 있다. 한편 칼리다사는『마하바라타』에 들어 있는 이야기를 각색하여『샤쿤탈라』를 집필했다.

굽타 왕조 시대에는 산스크리트 문학작품 외에 속어 형태인 팔리어 또는 타밀어 등으로도 많은 문학 작품이 서술되었다. 그러나 그 양은 산스크리트어 작품을 따라갈 수 없었다. 이러한 사실은 당시의 문학이 주로 왕실의 후원 아래 이루어졌음을 입증한다.

굽타 왕조 시대에 나타난 수많은 문학 작품 가운데는 힌두교 사상이 들어간 경우가 매우 많다. 『마하바라타』나 『라마야나』도 예외는 아니다. 힌두교 사상이 기존의 작품 속에 대폭 첨가되거나 새로운 문학작품으로 등장했다는 사실은 굽타 왕조 시대 힌두교의 성장을 보여주는 사례라 할 수 있다.

다양성 속에 통일성을 드러내는 인도 예술

굽타 시대에는 문학뿐 아니라 동굴과 사원의 벽화, 탑과 사원을 비롯한 건축 등 예술도 발달했다. 시바·비슈누 등의 힌두교 신의 모습도 만들어졌으나 미술의 주류는 불교 미술이었다. 굽타 시대에 만들어진 아잔타와 엘로라 석굴은 인도 미술사에서 중요한 위치를 차지한다. 마하라슈트라 주 북서부에 위치한 29개의 석굴을 아잔타 석굴이라 부르는데, 기원전 2세기경부터 7세기경 사이에 조성된 것으로 추정된다.

석굴에는 서쪽부터 시작하여 번호를 붙여놓았는데, 제14번에

• 아잔타 석굴

무덥고 습한 기후로 인해 인도에서는 석굴 사원이 많이 조성되었는데, 아잔타 석굴은 약 1,000년 동안 계곡의 바위에 조성되었다.

서 제20번에 이르는 석굴이 굽타 시대에 조성된 것으로 여겨진다. 29개 가운데 5개는 사원 형태로, 나머지는 승려가 거주하던 승방으로 되어 있다. 7세기경부터 석굴 조성이 중단되었고, 그 후 1,300년 동안 이들 석굴은 사람들의 발길이 끊어진 상태로 방치되었다. 그러다 1819년 한 영국군 병사가 발견하여 1839년부터 조사와 발굴이 이루어졌다.

아잔타 석굴에는 부처의 모습 대신에 보리수와 코끼리가 조각되어 있어 무불상 시대의 것으로 추측되는 것이 있는가 하면, 인간의 모습을 한 부처와 신격화된 부처의 모습이 조각되어 있기

- 「연화수보살도」
  오른손에 연꽃을 든 보살의 모습으로 아잔타 석굴 벽화 중 가장 유명하다. 옷 주름을 생략하고 인체의
  윤곽을 그대로 드러낸 모습에서 인도 고유의 색채를 볼 수 있다.

도 하다. 또한 주로 돌에서 채취한 자연 물감으로 그린 벽화도 있는데, 그 가운데서 제1석굴에 그려진 연꽃을 든 보살의 그림(「연화수보살도」)은 그 아름다움으로 세계적인 사랑을 받고 있다. 이러한 가치를 인정받아 아잔타 석굴은 1983년 세계 문화유산으로 등재되었다.

아잔타 석굴은 힌두교가 꽃피던 굽타 시대에 만들어졌지만 불교 미술의 정수를 보여주는 문화유산이다. 굽타 왕조는 힌두교

• 엘로라 석굴

불교 미술이 주를 이룬 아잔타 석굴과는 달리 다종교 사원으로 꾸며져 있는 엘로라 석굴. 34개의 석굴이
2킬로미터에 걸쳐 조성되어 있다.

를 장려했지만, 불교를 박해하지 않았다. 오히려 왕들은 불교 교
단을 후원하기도 했다.

한편 간다라 미술에 비하여 굽타 시대의 아잔타 석굴은 같은
불교적 주제를 표현하면서도 상당히 인도적인 모습을 보인다.
서구적인 얼굴의 인도 불상들은 인도인의 얼굴을 되찾았다. 또
한 옷 주름이 생략되고 인체의 윤곽을 그대로 드러내면서 인도
고유의 색채를 보여주었다.

아잔타의 남서쪽 약 90킬로미터 지점에 위치한 엘로라에서는
34개의 석굴 사원이 발견되었다. 불교 미술이 주를 이룬 아잔타
석굴과 달리 엘로라 석굴은 다종교 사원이다. 제1굴에서 제12굴

까지는 불교 사원이며, 제13굴에서 제29굴까지는 힌두교 사원, 제30굴에서 34굴까지는 자이나교 사원이다. 불교 사원은 4~7세 기 사이에, 힌두교 사원은 7~9세기 사이에 만들어진 것으로 추정되고 있다. 엘로라 석굴을 통해 굽타 시대 이후의 힌두 문화를 엿볼 수 있다. 한곳에 각기 다른 종교 석굴 사원이 조성되었지만, 이들은 서로 비슷한 모습을 하고 있다. 이는 다양성 속에 통일성을 보이는 인도 문화의 특징을 보여준다.

04

유럽에 전해지는 인도 과학

굽타 왕조 시대에는 문학과 예술의 발전 못지않게 과학 분야에서도 뛰어난 성과를 보였다. 가장 대표적인 인물로는 인도 최초로 발사된 인공위성의 이름이기도 한 아리아바타를 들 수 있다. 그는 스물세 살 때 『아리아바티야』라는 책에서 원주율, 삼각법, 방정식, 제곱근과 세제곱근 등 기하학과 대수학에 관한 내용을 남겼다. 약어와 기호를 사용해 대수학을 발전시킨 아리아바타는 그리스 수학자 디오판토스와 함께 대수학을 개척한 수학자로 평가된다. 그는 이 책에서 원주율의 값을 62,832:20,000이라는 비율, 즉 3.1416으로 표현했다. 이는 서양보다 1,000년 앞서 원주율의 값을 매우 정확하게 계산한 것이다.

『아리아바티야』에서는 사인 삼각비 개념도 최초로 등장한다. 아리아바타는 원의 중심각과 현이 만드는 삼각형에서 반현의 길이를 계산한 표를 만들었는데, 이것이 바로 삼각비의 사인 표와 같다. 반현은 직각삼각형에서 곧 높이가 된다. 그는 '반현'을 뜻하는 약어를 '쟈(jya: 弦)'로 발음되는 기호를 사용했다. 이는 아라비아에서 '지바(jiba)' 나중에는 '자이브(jaib)'로 표현되었다. 이 단어는 아라비아어로 '작은 만(灣)'을 뜻했기에, 유럽에 전해질 때는 '시누스(sinus)'로 표기되었다. 그것이 오늘날 수학에서 사용하는 '사인(sin)' 기호로 굳어진 것이다.

아리아바타와 더불어 브라마굽타도 수학 분야에서 괄목할 만한 업적을 남겼다. 특히 그는 해(解)가 여럿인 2차부정방정식의 정수해를 구하는 방법을 최초로 발견했다. 브라마굽타의 방정식은 1,000년이 지난 17세기에 영국의 수학자 존 펠이 연구한 2차방정식 형태의 '펠 방정식'으로 알려졌으며, 18세기 프랑스의 수학자 라그랑주에 의해 이론이 완성되었다. 또한 브라마굽타는 원에 내접한 사각형의 넓이와 대각선의 길이를 구하는 '브라마굽타 공식'으로도 유명하다.

무한대와 영(0)의 개념도 빼놓을 수 없는 성과이다. 흔히 불교에서 무한대는 무량수(無量數), 영은 공(空)으로 표현하는데, 이는 인도 수학의 발전에서 탄생한 언어들이다. 0의 개념은 아라비아로 넘어간 후에 아라비아 숫자와 함께 유럽에 전해져 수학 발전에 커다란 전기를 마련해주었다.

삼각형의 변과 각 사이의 관계를 기초로 하여 도형의 각도·길이·넓이를 연구하는 삼각법은, 태양과 별의 운동 등 천체를 관측하기 위한 목적에서 시작했다. 당시에 수학은 독자적인 학문이라기보다 천문학 연구를 위한 수단이었다. 즉 아리아바타의 전문 연구 분야도 천문학이었다. 그는 원주율의 값을 계산한 결과를 바탕으로 지구의 둘레를 측정했으며, 지구가 자전한다고 주장했다.

나아가 바스카라 차리아는 지구가 각 물체를 그 무게에 따라 끌어당긴다고 하는 인력의 법칙을 처음으로 밝혀내는 성과를 거두었다.

한편 굽타 왕조 시대에는 『나바니타캄』이라는 유명한 약학서가 등장했으며, 말과 코끼리를 중심으로 동물의 병을 치료할 목적으로 여러 수의학 서적도 출간되었다.

05

인도 문화, 동남아시아로 퍼져나가다

굽타 시대를 전후하여 인도의 문화는 동남아시아 지역에 본격적으로 전파되기 시작했다. 이러한 전파는 인도의 동남아 정복이라든가 동남아 여러 나라의 인도 침공으로 이루어진 군사적 교류가 아니라, 인도와 동남아 국가들 사이에 해상 무역이 전개되면서 이루어진 문화·경제 교류의 성격을 갖는다. 연구의 시각에 따라 전파의 주체가 인도였는지, 아니면 문화를 수용하는 동남아 국가들이 적극적으로 문화를 받아들였는지 달라질 수 있다. 하지만 분명한 것은 인도 문화가 동남아 고대국가 형성과 발전에 밑거름이 되었다는 것이다. 학자들은 이를 상징적으로 동남아시아의 '인도화(Indianization)'라 표현하기도 한다.

동남아시아의 인도화

인도 문화의 영향은 동남아시아 사람들의 일상생활에 깊이 배어 있다. 미얀마·태국·라오스·캄보디아 등에서 오늘날 사용되고 있는 문자와 말레이시아와 인도네시아, 필리핀에서 사용되었던 자바·발리·바탁·람빵·타갈로그 문자 등 토착 문자는 모두 인도의 브라흐미 문자에 그 기원을 두고 있다. 동남아시아의 언어들에서 중요한 개념은 대부분 산스크리트에서 온 것이다. 고전 문학의 대부분은 유명한 힌두 서사문학과 불교의 전생설화(前生說話)인 자타카로부터 영감을 받았다. 특히 『라마야나』는 인도네시아 그림자 연극인 와양(Waynag)을 비롯하여 동남아시아의 전통적인 연극의 기초를 이룬다.

동남아시아로 전파된 힌두교와 불교는 비교적 관용적이고 포용적인 성격 때문에 동남아시아의 정치적·사회적 상황에 쉽게 흡수되었다. 그 전파 과정에서 브라만과 불교 승려는 핵심 역할을 했다. 특히 동남아시아의 궁정에 고용되어 존경받는 위치를 획득한 브라만의 역할이 두드러졌다. 그들은 인도의 법전인 『다르마샤스트라』와 정치 지침서인 『아르타샤스트라』 등을 소개함으로써 동남아시아 정치문화의 중요한 바탕을 마련해주었다.

이 밖에 브라만은 토착 왕권과 왕조를 위해 이념적·의식(儀式)적인 바탕을 제공했고, 이를 통해 토착 지배 엘리트의 세속적 권력을 정당화하고 강화하는 데 결정적으로 이바지했다. 우주 질서의 운행에 관한 지식을 보유하고 있었던 브라만은 동남아시아 궁정에서 구체적으로는 법률의 제정과 국가 의식의 수행이나, 주요 행사를 위한 길일(吉日)의 선택과 달력의 제정 등에서 왕을 보좌하는 중요한 역할을 담당했다.

인도 문화의 요소들이 동남아시아에 수용될 때, 항상 그 지역의 특수한 정치·사회적 조건에 적용되었으며, 인도화 과정에서 동남아시아인의 능동적인 역할이 있었다. 동남아시아의 인도화는 어느 시점부터 동남아시아의 자체적 원동력에 의해 계속 추진된 것으로 보인다. 이른바 '두 번째의 인도화'란 개념으로도 설명되는 이 과정에서는 이미 인도화된 동남아시아의 여러 정치적 중심지가 인도문화를 다른 지역으로 계속 전파했다.

그리하여 이미 10세기 이전에 불교화된 몬족은 크메르·타이인 등에게 정치·예술 등의 분야에서 인도 문화를 전달했고, 14~15세기 사이에 크메르인은 타이인에게 고도로 발달한 힌두적 정치 문화를 가르쳤다.

인도 문화가 확산되어가는 각국의 사례

동남아에 가장 먼저 등장한 푸난(扶南) 왕국은 오늘날의 남부 베트남에서 캄보디아에 이르는 광대한 지역에서 7세기경까지 약 700년간 존속했으며, 중국과 인도 사이 해상무역을 중계했다. 이 왕국의 건국신화에는 카운딘야(실제 남인도의 마이소르 비문에 언급된 가문)라는 인도의 브라만이 현지 지배자의 딸을 아내로 삼아 나라를 세웠다는 이야기가 나온다. 푸난은 인도의 관료 제도를 모방했으며, 인도인을 관료로 채용하여 국정을 운영했다. 푸난 왕실은 산스크리트어를 공용어로 사용했고 스스로를 '힌두'라 일컫기도 했다. 왕조 말기에는 중국의 속국이 되기도 했으나, 인도와 결탁하여 중국을 끊임없이 공격할 만큼 인도와 밀접한 관계를 계속 유지했다.

푸난 이후에 등장한 첸라(眞臘) 왕국은 캄보디아를 중심으로 발전하여 앙코르 왕국으로 발전했다. 앙코르 왕조에서는 왕의 이름에서도 인도 문화의 흔적을 찾을 수 있다. 인드라와르만, 수르야와르만에 보이는 왕명은 인도의 신 인드라와 수르야에서 따온 것이다. 고대 캄보디아 왕국은 왕의 이름 뒤에 힌두 문화의 영향으로 '와르만'이란 말을 붙였고 여러 도시 이름에 인도 이름을 붙였다. 앙코르 왕조의 제18대 왕인 수르야와르만 2세의 경우 힌

• 캄보디아 앙코르와트

12세기 초에 건립된 앙코르와트의 '앙코르'는 왕국의 수도를 뜻하고 '와트'는 사원을 뜻한다. 이 유적은 힌두교의 비슈누 신에게 바치는 사원이었으나 훗날 불교 사원으로 변모했기 때문에, 불교 문화의 유적도 함께 남아 있다.

두교의 신 비슈누와 자신을 결합시키기 위해 앙코르와트를 지었다. 지금까지도 벽면에 새겨진 『라마야나』와 『마하바라타』에 나오는 이야기 등을 발견할 수 있다. 앙코르와트는 후대에 불교 사원으로 바뀌어 힌두교와 불교문화가 잘 어우러져 있다. 앙코르와트는 현재 캄보디아의 국기 중앙에 그려져 있을 만큼 캄보디아를 대표하는 유적으로 그 가치를 인정받는다.

캄보디아 고대국가의 대부분 왕들은 시바나 비슈누 신을 숭배하는 동시에 불교를 숭상했기 때문에 힌두교와 불교는 고대 캄보디아 왕국의 주요 종교가 되었다. 이러한 전통은 지금까지도 이어져오고 있어, 종교를 중심으로 한 인도 문화는 이 지역에 광범위한 영향을 미쳤다 할 수 있다.

캄보디아와 더불어 인도 힌두 문화의 영향을 받은 곳은 인도네시아이다. '인도네시아'라는 말은 1850년경 영국의 인류학자 로건이 동인도의 섬 지역을 나타내기 위해 '인도'와 '섬(-esia)'을 합성한 이후 여러 학술 서적에서 광범위하게 사용되었다. 이처럼 유럽인에 의해 만들어지고 도입된 '인도네시아'는 인도네시아인에게 1920년대부터 점차 수용되어 1949년 독립한 인도네시아의 공식적 국가명칭이 되었다.

인도네시아는 그 이름처럼 나라 전체가 섬이며, 인도 문화로 채워져 있다. 인도네시아는 현재 전체 인구의 약 87퍼센트가 이슬람교를 믿는 이슬람 국가이지만, 마을마다 창조의 신·보호의 신·믿음의 신을 모시는 사원이 있고, 집집마다 가정의 신을 모시고, 신성한 물과 꽃, 향과 쌀로 제사를 올린다. 인도네시아의 대표적 사원인 타나롯(해상 사원)과 울루와투(절벽 사원) 역시 힌두 사원이다.

발리에는 오늘날에도 '야즈나'라는 힌두 의식을 행한다. 야즈나는 힌두교 경전 『바가바드 기타』의 가장 핵심적인 개념이다. 고대 이래 인도의 성자들은 생명과 삶의 원리는 무엇인가의 끊임없는 희생으로 구성되어 있다고 인식하고, 이것을 '야즈나'라

- **울루와투 사원(위), 타나롯 사원(아래)**
  16세기 고승 니라타가 증축했다고 전해지는 울루와투 사원과 타나롯 사원은 발리에서 가장 숭배되는
  힌두 사원이다.

는 말로 설명했다. 인도의 힌두 사상에서 야즈나를 만물의 존재 원리로 파악한 것은 '희생'이 반드시 생명과 삶의 손실을 뜻하는 게 아니라 궁극적으로는 희생하는 존재 자신에게 이득이 되어 돌아온다는 깨달음 때문이었다.

　야즈나에는 신에게 올리는 데와 야즈나, 생물(또는 악한 힘)에게 올리는 부타 야즈나, 사람에게 올리는 마누샤 야즈나, 조상에게 올리는 피트리 야즈나, 사제에게 올리는 리쉬 야즈나 등이 있다. 야즈나는 발리 사람들의 토착 풍속과 어우러져 그들의 일상생활

• **야즈나를 시행하는 모습**
발리섬은 무슬림이 대다수인 인도네시아에서 유일하게 힌두교를 믿는 섬이다. 발리 사람들은 옹루푹이라 불리기도 하는 부타 야즈나를 주로 행하면서 자신과 마을의 안녕을 기원한다.

에 중요한 의식으로 자리 잡았다. 한편 인도네시아 국영 항공사 이름이 '가루다'인 것 역시 힌두교의 흔적이다. 가루다는 비슈누 신이 타고 다니는 성스러운 금빛 새의 이름인데, 사자의 얼굴에 사람의 몸과 다리를 하고 있으며, 날개와 부리는 독수리 형상이다. 가루다는 이슬람을 상징하는 힐랄(초승달과 샛별) 대신 인도네시아의 국가 상징으로 사용되고 있다. 가루다를 국장으로 사용하는 또 다른 나라로는 태국이 있다.

태국은 수코타이 왕조의 람캄행 왕에 의해 상좌부 불교가 도입된 이후 국가 차원의 강력한 보호 아래 백성에게 전파되어 상좌부 불교 국가로 발전했다. 이후 아유타야 왕조가 성립하면서 크메르 제국의 문화를 받아들였고 힌두이즘이 대대적으로 유입되어 브라만이 국가의 의식을 전담하게 됨으로써 태국사회에서 브라만 계층은 태국 왕실에 버금가는 상류층으로 부상했다. 아유타야 왕조명도 인도 코살라 왕국의 수도 아요디아에서 따온 것이다.

조상숭배와 정령숭배, 상좌부 불교, 그리고 힌두교 사상은 친화력이 강한 태국인에 의해 서로 동화되어 자연스럽게 하나로 혼합되었다. 쉽게 말해 지역적으로 약간의 차이는 있으나, 태국인의 종교는 맨 밑바닥에는 정령숭배와 조상숭배 사상이, 그 위에 상좌부 불교가, 그리고 맨 위에 힌두교 사상이 자리하고 있다

- **인도네시아의 국장(좌)과 태국의 국장(우)**
  금시조, 가루라 등으로 불리기도 하는 가루다는 뱀과 용을 잡아먹는다고 알려져 있다.

고 말할 수 있다.

브라만 계층은 14세기 이후부터는 태국사회 내에서 왕에게 조언하고 왕자를 가르치는 위치를 차지하여 상류층에 군림하면서 국가의 모든 의식을 관장했다. 하지만 짜끄리 왕조의 라마 4세 ~6세는 근대화 정책을 추구하는 과정에서 브라만을 승려로 교체하면서 불교 의식으로 전환하려고 노력했다. 이 과정에서 과거에 브라만이 담당하던 임무가 승려에게 돌아가 지금도 사원의 고승들이 작명, 길일 택일, 운세풀이 등을 해주고 있다.

지금도 힌두 의식 중 탐콴 의식*과 물을 사용하는 목욕의식이 지켜지고 있으며, 불교 의식과 혼합되어 행해진다. 주민의 90퍼센트 이상이 무슬림인 태국의 남부 4도(빳따니·나라티왓·얄라·싸뚠)

에서는 탐콴 의식이 거의 행해지지 않고 있으나 다른 지역 태국인은 일상생활에서 자연스럽게 통과의례의 일부로 지키고 있다.

***탐콴 의식:** 태국인은 모든 자연물에 '콴'이라 불리는 영적인 기운이 있다고 믿는다. 특히 인간은 32가지 콴으로 구성되어 있다고 생각하는데 정수리 부분을 콴의 출입구라고 여긴다.

탐콴 의식은 콴의 에너지를 강화시키는 것으로 아기가 태어나서 일정한 연령에 도달할 때마다, 성년이 된 남성이 출가의식을 하기 전날, 결혼식, 가족이 오랫동안 집을 떠났다 돌아온 경우 등에는 반드시 시행한다. 또한 아픈 사람이나 가축의 건강을 기원할 때, 중요한 시험의 합격을 기도할 때에도 종종 행해진다.

탐콴 의식은 '머콴'이라 불리는 주재자가 의식을 받는 사람의 양쪽 손목에 무명실 끝을 부빈 후에 실을 살짝 태운 후 다시 그 사람의 손목에 두 번씩 감은 뒤 매듭을 지어 모든 악귀가 손가락 끝으로 빠져나가라고 외치는 절차를 중심으로 진행된다.

인도의 천재 수학자 라마누잔

인도에서 정한 수학의 날인 12월 22일은 세계적으로 인정받는 수학자인 라마누잔(1887~1920)이 태어난 날이다.

라마누잔은 수학을 제대로 배운 적이 없지만, 20세기 수학자 중에서 가장 천재적인 인물로 손꼽힐 만큼 중요한 업적을 남겼다. 라마누잔은 자신이 발견한 수학 공식을 영국의 수학자들에게 보냈지만 이들조차 그 공식을 제대로 이해할 수 없었기 때문에 무시당하기 일쑤였다.

라마누잔이 내놓은 공식의 대부분은 그것을 도출하는 과정이 생략되어 있었다. 당연히 수학자들은 어떻게 그러한 공식이 나오게 되었는지 궁금해했다. 이에 대해 라마누잔은 힌두교 신인 "나마기리가 꿈에 나타나 계시를 주었다"고 대답하여 수학자들의 반발을 샀다. 이는 라마누잔 스스로가 자신의 수학 재능을 인

• **라마누잔**
라마누잔의 연구 성과는 수학뿐만 아니라 물리학을 중심으로 현대 과학 발전에 중요한 기초를 마련했다.

도의 전통에서 찾으려 했다는 사실을 보여준다.

영국을 비롯한 유럽의 수학자들은 고대 그리스 수학을 토대로 연역적 추론과 논리적 전개과정을 중시했다. 하지만 인도 수학은 직관과 결과 자체를 중시한다. 인도 수학은 힌두교를 중심으로 한 종교 철학과 천문학·문학의 영향을 강하게 받았다. 인도에서 수학책은 경전인 동시에 문학 작품이다. 『릴라바티』『수리아싯단타』 등과 같은 인도의 수학책은 시의 형태로 기록되어 있다. 인도의 지식인은 수학책을 경전처럼 암송하고, 수학 문제를 시로 만들어 푸는 놀이를 즐겼다. 갑자기 떠오르는 영감을 중시하는 문화에서 나고 자란 라마누잔도 어려서부터 직관에 의지하여 숫자의 신비를 탐구했던 것이다.

세계사 바칼로레아

힌두교와 불교가 동남아시아에 전파된 이유는 무엇일까?

힌두교의 여러 신 중에서 특히 시바는 동남아시아 주민에게 강한 인상을 주었다. 파괴와 재생의 신인 시바는 링가(남성 성기)의 형태로 쉽게 받아들여졌다. 주로 '요니'라 불리는 여성 성기와 결합된 형태로 형상화된 링가는 농경을 산업으로 하는 전근대 동남아시아 사회에 풍작과 다산의 의미와 결부되어 널리 조성되고 숭배되었다.

힌두교에는 시바 이외에도 브라흐마와 비슈누가 중심을 이룬다. 브라흐마·비슈누·시바의 종교적 권위는 통치자의 존재와 의의에 정통성을 부여하고 권력을 강화시키는 역할을 했다. 여기에는 종교 의례를 전문적으로 담당하는 사제가 중요한 역할을 했다. 동남아시아의 통치자들이 지식이 풍부하고 행정 경험이 많은 인도 승려를 초빙하여 정권 강화에 적극 활용한 것이다. 중

세 유럽에 기독교가 왕권의 권위를 높였다면, 고대 동남아시아에서는 힌두교가 여러 왕조에 신성한 권위를 부여했다.

상좌부 불교 역시 동남아시아에 적극적으로 전파되었다. 상좌부 불교는 엄격한 위계질서 아래서의 교육을 강조했기에 정치적 관료 질서와 쉽게 연결되었다. 상좌부 불교를 받아들인 대표적인 동남아시아 국가로 미얀마(옛 버마)의 파간 왕조와 태국의 수코타이 왕조를 들 수 있다. 상좌부 불교는 파간 왕조 이래 전통적으로 미얀마 종교의 중심이 되었으며, 대략 13~14세기 이후에는 캄보디아·라오스, 그리고 태국에서도 불교가 국가의 중심사상으로 자리 잡게 되었다. 역사적으로 상좌부 불교는 태국·라오스·캄보디아 왕국의 국교로서 국왕이나 정부로부터 막대한 후원을 받았다.

즉 힌두교와 상좌부 불교라는 인도의 종교 문화는 정치적 목적과 결부되어 동남아시아 지역에 적극 수용된 것이다. 이들 종교는 동남아시아 지역의 지배 세력에게 강한 정치적 권위를 부여하고, 통치 질서의 수립과 발전에 이바지했다. 이러한 모습은 오늘날에도 여전히 남아 있으며 그 역사적 의미와 영향력은 종교의 존재 이유라는 측면에서 생각해볼 가치가 있다.

굽타 왕조가 멸망한 이후 지속된 혼란은 하르샤에 의해 종식되었다. 하르샤는 북인도에 거대한 통일 왕조를 건설했지만, 정복한 나라의 지배자를 존중하고 이들의 통치권을 그대로 인정했다. 또한 그는 백성을 위해 국가 예산을 아껴 세금을 줄이고 복지 정책을 확대했다. 하르샤가 세운 왕국이 쓰러진 뒤 약 500년간 북인도에는 라지푸트의 소왕국이 난립했다. 이들은 카나우지를 둘러싸고 대립했다. 남인도에서는 판드야·체라·촐라 왕국이 들어섰다. 촐라 왕국은 각 마을의 특성에 맞는 지방자치제 실시로 고유한 문화를 보존했다. 종교 측면에서 라지푸트 시대에는 불교에 주술이 가미된 밀교가 등장했으며, 힌두교 사원이 증가했다.

제3장

라지푸트 시대

01

하르샤 아래 다시 모인 북인도

훈족의 침입으로 굽타 왕조가 소왕국으로 몰락한 550년경부터 많은 힌두 왕국이 세워지고 무너지는 현상이 거듭되었다. 이 시기 북인도에서는 여러 집단이 각축을 벌이고 있었다. 이러한 혼란은 펀자브 동쪽에서 세력을 떨치던 프라바카라 바르다나의 아들 하르샤(재위: 606~647)가 북인도를 통일하면서 종식되었다.

북인도의 거대한 통일 왕국

하르샤의 생애에는 두 가지 전환점이 존재한다. 첫째는 자신의 형이 고다 왕국의 지배자 샤샹카에게 살해당해 왕위를 계승한 것이다. 둘째는 자기 여동생의 남편인 모카리스의 왕이 사망한 사건이다. 모카리스의 대신들은 하르샤에게 자기 나라 통치를 요청하여 하르샤는 두 나라의 왕이 되었다.

하르샤는 왕위에 오른 직후 고다 왕국의 샤샹카 공격에 나섰다. 그가 고다 왕국을 첫 번째 공격 대상으로 삼은 것은 개인적 원한에 한정되지 않는다. 고다 왕국은 군사력이 강한 편이었기에 하르샤 정권의 존속을 위해 반드시 풀어야 하는 숙제였다. 그는 고다 왕국을 완전히 멸망시키지는 못했지만, 6년간의 전쟁을 통해 발라비·마가다·카슈미르·구자라트·신드로 여겨지는 다섯 인도 왕국을 정복하는 성과를 거두었다. 그의 영향력은 구자라트에서 아삼까지 뻗쳤으나 직접적으로 통치한 지역은 펀자브와 라자스탄 일부, 그리고 지금의 우타르프라데시 정도로 여겨진다. 하르샤는 데칸 지역의 여러 나라를 공격하여 남쪽으로 진출하려 했으나 큰 성과를 거두지 못했다.

하르샤는 북인도에 거대한 통일 왕국을 건설했지만 점령지 정책에서 이전 왕조와는 다른 모습을 보여주었다. 군사적 정복을 통해 해당 왕국을 멸망시키기보다는 그들의 군사 지휘권을 상징하는 소라 고동을 빼앗거나 그 나라의 재물이 아닌 왕국의 명예를 가져갔다. 따라서 하르샤에 의해 정복된 왕국들은 여전히 통치 체제를 유지한 채 하르샤의 신하국으로 편입되었다.

근면한 왕 하르샤

현장의 『대당서역기』에는 하르샤가 왕궁에만 머물면서 정치를 하기보다는 직접 민정을 살피는 순행정치를 했으며, 시간을 쪼개어 업무를 본 근면한 왕으로 묘사되고 있다. 하르샤는 가난한 사람과 여행자를 위해 음식과 의약품을 제공하고, 5년에 한 번씩 사회복지 성격의 무차대회(無遮大會: 귀천과 빈부를 막론하고 함께 잔치를 벌이며 물품을 나누는 행사)를 열어 가난한 이와 수행자에게 보시했다. 또한 불살생의 이념에 입각하여 생명을 중시하고 이를 어기는 사람에게는 엄벌을 가했다. 정복한 나라의 왕과 신하를 멸시하지 않고 덕행에 따라 대접하여 왕국 사이의 관계를 원활하게 유지했다. 아울러 모든 종교 수행자를 존중했으며 이들에게 모자람 없는 보시를 베풀었다. 하르샤는 종교 수행자를 대접하고 가르침을 듣고자 했다.

그러나 굽타 왕조에서 실행했던 행정 조직을 대부분 그대로 답습했으며, 정치와 행정의 모든 일을 직접 관장하는 전제군주로서 많은 수의 군대를 보유했다. 그는 10만의 보병과 5만의 기병, 그리고 6만의 코끼리부대를 보유하고 있었다고 한다. 이것은

• 현장(玄奘, 602~664)

『불경』을 찾아 인도로 떠나는 현
장의 모습이다. 현장은 인도에서
『불경』과 불상 등을 가져와 중국
불교 발전에 크게 기여했다.

제3장 라지푸트 시대

마우리아 왕조가 3만의 기병과 9,000의 코끼리 부대를 보유했던 것에 비하면 엄청나게 큰 규모이다. 이는 하르샤의 정복 사업 결과로 보이지만, 한편으로 그의 통일제국이 그만큼 불안정했다는 의미일 수도 있다.

국가의 수입은 생산물의 6분의 1을 바치는 세금이 대부분을 차지했다. 그는 백성에게 많은 세금을 부과하지 않는 대신 국가 행정에 드는 비용을 축소시켰으며, 남은 재정을 공공 복리사업에 투자했다. 하르샤는 행정 관리에게 현금 대신 영토를 하사했고 종교 사제에게도 많은 땅을 하사했다. 현장의 기록에 따르면 영토의 4분의 1은 관리에게, 4분의 1은 공공 복리와 종교적 목적에, 4분의 1은 왕 자신을 위하여, 그리고 나머지 4분의 1은 유능한 학자에게 주어진 것으로 나타난다.

하르샤의 보호에도 쇠락하는 불교

하르샤는 원래 힌두교를 신봉했으나, 점차 대승불교를 믿으며 후원자가 되었다. 하르샤는 그의 생애 동안 세 편의 희곡, 즉 「프리야다르시카」 「라트나발리」 「나가난다」를 지었다고 알려져 있다. 하르샤의 이들 세 희곡은 당대의 사회상을 알 수 있는 자료일 뿐만 아니라 하르샤 개인의 신앙과 특징을 알 수 있는 중요한 자료이다.

하르샤가 문학적 소양을 가지고 있었다는 사실은 여러 자료를 통해 확인된다. 그가 남긴 「포고문」을 보면, 재산이란 번갯불이나 물거품처럼 얼마나 헛된 것인가를 묘사하고 있으며, 모든 생명체에 대해 몸과 마음과 말에 따른 선행이 행해져야 함을 충고하고 있다.

하르샤가 지은 세 편의 희곡 중 「프리야다르시카」와 「라트나발리」는 「나가난다」보다 앞선 시기에 지어진 것으로, 시바·비슈누·인드라의 축복을 호소하는 내용이다. 이에 반해 후대에 지어진 「나가난다」는 불교적인 주제를 담고 있는데, 이는 산스크리트 희곡에서 아주 독특한 경우에 해당한다.

「나가난다」는 하르샤의 신앙에 큰 변화가 일어난 사실을 보여준다. 앞선 두 희곡에 등장하는 신들이 힌두신인 반면, 「나가난다」에서는 부처와 불교적 주제가 중심 위치를 차지하고 있다. 「나가난다」는 부처·보살의 삶과 불살생의 교리를 담고 있다. 하르샤는 대승불교를 자신의 신앙으로 수용했으며, 불교 대학인 날란다 사원의 스님들과 공부하면서 대승불교 선양에 나섰다.

하지만 하르샤의 적극적인 보호에도 이 시기에 불교는 이미 쇠퇴해가고 있었다. 5년간 날란다 불교 대학에서 공부한 현장의 기록에 따르면 대승불교의 중심인 날란다 대학에서도 힌두교의 영향력이 매우 강했다고 한다. 극단적인 힌두교도 무리는 불교 보호 정책을 이유로 왕에 대한 암살을 시도했으며, 불교 유적지를 파괴하고 불태웠다. 이는 당시 불교의 교세가 급격히 기울고 있었음을 보여준다. 결국 하르샤의 노력은 큰 성과를 거두지 못했으며, 그가 사망한 이후 인도에서 불교는 급속도로 쇠락했다.

02

분열된 북인도의 여러 나라

647년 하르샤 사망 이후 7세기 말에 이르러 북인도의 통일은 급속하게 무너졌다. 하르샤 왕국이 망한 다음부터 13세기 초 무슬림에 의해서 북인도가 통일되기까지의 약 5세기 동안 인도에서는 소왕국이 난립하는 시대가 계속 이어졌다. 이 기간에 북인도 각지에는 라지푸트족의 소왕국이 흥망했기 때문에 이 시대를 '라지푸트 시대'라 부르기도 한다.

왕의 아들, 라지푸트
라지푸트는 산스크리트어 '라자푸트라'에서 나온 말로 '왕의 아들'이란 뜻이다. 라지푸트의 근원에 대해서는 학설이 다양하여 『베다』까지 거슬러 올라가기도 하고, 흉노족이라고도 하며, 4~5세기 이후 인도에 들어온 중앙아시아 종족이라고도 한다. 문학이나 금석학 자료에 의하여 이들 학설은 모두 근거가 있는 것으로 판명되었으나, 라지푸트 특유의 정체성에 대한 자의식이 일어난 것은 8세기 이후였다. 그들이 공유하고 있는 신화에 따르면, 희생 제사를 드리는 불에서 라지푸트의 조상인 태양의 종족·달의 종족·불의 종족이 나왔다고 한다.

라지푸트들은 크샤트리아의 의무에 기초한 엄격한 군인의 영예를 중시했다. 이것을 단적으로 보여주는 대표적인 사건이 14세기에 치토르와 자이살메르에서 일어났던 집단희생자살 사건이다. 남자 라지푸트들은 전쟁에서 죽어야 하는 책임을 완수했고, 여자들은 '사티'라는 이름으로 성 안에서 스스로 불에 타 죽었다. 항복하는 굴욕을 겪느니 차라리 죽음을 택한 라지푸트의 전례를 남긴 이 사건은 용감한 조상의 전설처럼 남았다.

아라비아인이 신드 지방을 정복한 8세기 초부터 튀르크계 무슬림 정권이 델리에 수립되어 북인도를 지배한 13세기 초까지 북인도에는 데칸 지방에 걸쳐 라지푸트계의 여러 왕조가 있었다. 데칸 지방에서 북인도로 진출했던 라슈트라쿠타 왕조, 마르와라 지방의 유력한 세력이었던 팔라마라스(팔라) 왕조, 라자스탄 지방에서 진출하여 북인도를 지배했던 프라티하라 왕조, 구자라트의 찰루키야 왕조 등이 잘 알려져 있다.

라지푸트들은 서로 경쟁했고, 외부에서 침입한 튀르크족에 대해 무장하여 대항하거나 약화된 무굴제국을 치기도 했으며, 무굴의 회유에 동화되기도 했다. 영국이 새로운 지배세력으로 등장했을 때 라지푸트 왕족들은 이들의 통치를 받아들였고 영국 왕실과 평화로운 관계를 유지했다.

카나우지를 둘러싼 세 나라의 줄다리기

하르샤의 왕조가 사라진 이후 인도에는 라슈트라쿠타·팔라·프라티하라 왕국이 주요 세력으로 성장했다. 라슈트라쿠타는 데칸고원 왼쪽, 즉 인도의 서부지역에서 발흥하여 북쪽으로 세력을 확대했다.

팔라 왕국은 8세기에 고팔라가 이 나라를 지배하기 이전의 역사가 불분명하다. 고팔라는 세습이 아니라 선거를 통해 선출된 왕으로 유명하다. 고팔라의 아들 다르마팔라는 인도 북동쪽에서 팔라의 영향력을 널리 펼쳤다. 그는 한때 라슈트라쿠타에 패배하는 등 시작부터 강한 반발에 부딪쳤음에도, 재위 기간 말기에 동인도 전역을 지배했다.

프라티하라는 인도 북서쪽 라자스탄에 있던 구자라트족의 자손이었으나, 사회적 기원은 불분명하다. 라슈트라쿠타는 프라티하라가 문지기 출신의 낮은 계급이 세운 나라라고 폄하하기도 했다. 프라티하라는 8세기 초 인도 신드 지방을 침입한 아라비아 세력을 몰아냈다. 아라비아의 침입을 성공적으로 막아낸 프라티하라는 동쪽으로 진출하여 라자스탄과 우자인의 대부분을 지배했을 뿐만 아니라 카나우지도 손에 넣었다.

당시 북인도의 여러 세력은 하르샤 왕국의 수도였던 카나우지에 의미를 두고 이곳을 차지하기 위해 노력했다. 하르샤가 죽은 이후 인도의 3대 세력으로 자리 잡은 라슈트라쿠타, 프라티하라, 팔라 왕국의 군사 활동은 카나우지에 집중되었다. 카나우지는 12세기 후반 이슬람 세력에 의해 크게 파괴되기 전까지 북인도에서 가장 발전한 곳으로 손꼽히는 도시였다. 정치·경제의 중심지인 카나우지를 차지하여 점령하는 것은 자신의 힘을 알리는 가장 효과적인 방법이었다.

8세기 중반부터 약 200년간 이러한 상황이 지속된 결과 세 나라의 힘은 크게 약화되어 세 나라는 거의 비슷한 시기에 파멸했다. 카나우지 점령을 위한 세 나라의 지속적인 줄다리기는 결국

- **카나우지를 둘러싼 3국의 대립**
  라슈트라쿠타, 팔라, 프리티하라는 카나우지를 차지하기 위해 치열하게 싸웠다.

이들의 지배를 받던 여러 나라의 독립 선포로 이어졌다. 속국들의 일탈뿐만 아니라 서쪽으로부터 아라비아의 지속적인 침입과 남인도의 공격으로 인해 북인도의 정치적 통합은 성사되기 어려웠다.

03

촐라의 호령이 울려 퍼지다

인도는 크게 데칸 지역을 기준으로 북부와 남부로 구별된다. 데칸이란 나르마다강 이남의 고원 지대를 가리키는 말로 이는 단순히 방위를 나눈다기보다 북인도의 아리아인이 자신들과 이질적인 남인도 드라비다인의 문화를 폄하한 데서 비롯되었다고 한다.

원래 데칸 지역은 통행을 할 수 없는 밀림 지대였다. 때문에 이를 기준으로 북부는 아리아 문화 전통이 강한 지역인 반면, 남부는 토착 문화적 성격이 강하게 유지되었다. 그러나 아소카 왕의 남부 진출을 계기로 남인도 끝에 위치한 타밀 지역까지 아리아인의 문화가 전파되었다.

해상 왕국 판드야·체라 왕조

드라비다인이 거주하던 타밀 지방은 반도 남단의 판드야, 말라바르 지역의 체라, 코로만델 해안 지역의 촐라 세 왕국으로 분할되어 있었다. 판드야 왕조의 기원은 기원전 6세기경까지 올라간다. 이들은 어업과 치수 산업, 농업 분야 등에서 선진적인 기술을 보유했으며, 일찌감치 해상 무역을 통한 막대한 경제적 이득을 보았다. 이러한 흔적은 로마 제국과 남긴 외교 기록에서도 볼 수 있다. 기원후 6세기경까지 세력이 다소 약해졌으나 카둔곤 집권기에 이르러 다시 이전의 세력을 회복했다.

하지만 촐라 왕조의 성장으로 인해 9세기까지 지속적인 견제에 시달리기도 했다. 13세기에 이르러 촐라 왕조를 정복하고, 지금의 텔랑가나·오리사·스리랑카 지역까지 영토를 확장시키는 등 왕조 최고 전성기를 맞이했다. 또한 이 시기 인도네시아의 강력한 해상 세력 가운데 하나인 스리비자야와 교역을 통해 경제적으로 번성했으며, 문학·예술의 분야에서도 눈부신 발전을 이룩했다.

체라 왕조의 시작은 지금의 타밀나두 지역으로 추정된다. 이들은 철기에 기반한 우수한 문화를 바탕으로 인근 케랄라 지역까지 영역을 확장했으며, 해상 무역로를 이용하여 당시 로마 제국, 그리스 계통 국가와 교역함으로써 경제적으로 이득을 취했다. 하지만 인접국인 촐라 왕조, 판드야 왕조와 지속적으로 충돌했고, 이러한 주변국과의 마찰로 인해 국력이 소진되어갔다. 더욱이 로마 제국 멸망 이후 해상 무역을 통해 경제적인 이득을 확보할 기회를 대거 상실하여 점차 쇠퇴하다가 12세기 촐라 왕조와 라슈트라쿠타 왕조의 침공에 의해 멸망했다.

촐라 왕조 전성시대

촐라 왕조는 기원후 1세기 무렵 타밀의 작은 부족에서 출발했다. 촐라 왕조는 지배자인 비자야라야가 타밀의 중심부인 탄조르를 정복하여 독립 국가의 면모를 갖추기 시작했다. 기원후 907년, 촐라의 유명한 군주인 파란타가 1세는 세력을 더욱 강화하여, 거의 반세기 동안 왕국을 지배했다. 그는 판드야를 공격하여 그 수도인 마두라이를 함락시킴으로써 촐라의 남쪽 변방을 강화시켰다.

이후 촐라는 판드야와 밀접한 관계를 맺고 있던 실론과 부딪치게 되었다. 또한 북쪽의 라슈트라쿠타의 공격까지 지속되어 촐라의 성장은 당분간 꺾이는 모습을 보였다. 하지만 촐라는 라슈트라쿠타가 다른 나라와 다투는 사이를 비집고 잃어버렸던 땅을 되찾았으며, 라자라자 1세와 그의 아들 라젠드라 1세의 치세 아래서 전성기를 맞이했다. 이들은 마치 고구려의 광개토대왕과 장수왕의 경우처럼 거의 모든 방향으로 광범위한 영역을 확보하여, 데칸과 타밀 양 지방의 거의 대부분을 차지했다.

라자라자 1세는 아라비아 세력의 근거를 뿌리째 뽑기 위해 아라비아 무역상들의 주요 거점인 몰디브를 공격했다. 비록 아라비아인의 활동을 근절시키지 못했지만, 실론의 수도인 아누라다푸라를 파괴하는 등 실론에 막대한 피해를 입혔다.

라젠드라 1세는 한 걸음 더 나아가 인도 북방 갠지스강 계곡까지 손에 넣기 위해 북방으로 원정을 떠났다. 라젠드라는 오리사를 거쳐 갠지스강에 도착한 다음 그 신성한 물을 촐라의 수도로 가져갔다고 한다. 그러나 라젠드라는 북인도를 오래 지배하지는 못했다.

10세기경 남인도와 중국과의 무역 거래가 점차 활기를 띠고 있었는데, 스리비자야 해상은 무역로의 중심이었다. 스리비자야 왕국은 이러한 지리적 이점을 활용하여 중개무역의 이익을 얻고자 했다. 이로 인해 촐라 상인이 피해를 입는다고 여긴 라젠드라는 스리비자야를 공격하여 전략적 요충지를 확보했으며, 촐라와 중국의 자유로운 무역을 확대시켰다. 쿨로툰가 1세가 즉

위한 이후 촐라의 대외 정복 전쟁은 다소 축소되었지만, 1077년 70여 명의 사절단을 중국에 파견하는 등 무역 증진에 관심을 기울였다.

12세기 말에 이르러 촐라의 세력은 기울어지기 시작했다. 왕국의 변경 지방은 이웃 국가에 의해서 점령당했으며, 데칸에 있던 촐라의 속국들이 차츰 강성해져 반란을 일으켰다. 잦은 전쟁을 벌이고 승리하면서 촐라는 영향력을 확대할 수 있었지만, 전쟁으로 인한 피로가 촐라의 발목을 잡았다. 결국 촐라 왕조는 13세기 말, 판드야 왕국의 공격으로 역사에서 사라지게 되었다.

풍요롭고 자유로운 사회

남인도에서 촐라 왕조만큼 강력한 영향력을 오랫동안 행사한 나라는 없었다. 그래서 촐라의 왕은 전륜성왕이란 의미의 '차크라바르키갈'이라 불렸다. 촐라는 광활한 영토를 지배하기 위해 수도를 자주 옮겼다. 촐라 왕조는 영토뿐만 아니라 풍부한 농산물과 무역을 바탕으로 상당히 풍요로운 생활을 영위했다.

촐라 왕조는 활발한 정복 사업을 위해 대규모의 군대를 유지했는데 해군이 가장 강했다. 촐라 왕조는 막강한 해군력을 바탕으로 스리랑카와 스리비자야 왕국 등을 물리치고 동서 해상 무역의 안전을 확보했다. 이로써 국가 경제에 커다란 도움을 주었다.

국가의 주된 수입은 토지세로, 라자라자 1세의 경우는 수확된 농산물의 3분의 1을 세금으로 거두었다. 세금은 화폐와 현물로 거두었고, 토지는 생산되는 산물에 따라 각기 다르게 분류되었으며 그에 대한 세금은 생산된 양에 의해 결정되었다.

왕은 농산물의 수확을 더 증진시키기 위하여 카베리강에 여러 개의 댐을 건설하고 호수를 만들었다. 이 밖에도 무역과 광산, 염전 등을 통해 얻어지는 세금은 국가의 경제를 풍요롭게 하는 데 많은 도움을 주었다. 국가의 영토는 7~8개의 만달로 나뉘고, 만달은 다시 나두로, 나두는 쿠람(또는 코탐) 등으로 세분되었다. 한 쿠람은 행정의 가장 작은 단위인 몇 개의 촌락으로 이루어졌다.

촐라 왕조의 행정제도 가운데 눈길을 끄는 부분은 지방자치제이다. 촐라 왕조는 말단 촌락까지 지방자치적인 행정제도를 실시했다. 촐라 왕조의 이 같은 자치 제도는 북인도나 남인도의 어느 왕조에서도 찾아보기 어려운 독특한 제도였다. 자치 제도는 마을 고유의 행정과 문화가 유지되는 데 결정적인 역할을 했다.

촐라의 주민은 행정·물 관리·사법 등 마을에 필요한 위원회를 마련한 후, 각 위원회 운영에 참여할 만한 식견을 갖춘 사람의 이름을 나뭇잎에 적어서 어린아이가 제비뽑기를 하는 방식으로 운영 위원을 선정했다. 촐라 주민은 중앙 정부의 획일적인 정책에 따라 살아가는 것이 아니라, 자신들이 만들고 참여한 위원회의 결정에 따라 자신들의 실정에 맞는 삶을 살 수 있었다. 이러한 지방자치제는 남인도 지역이 인도의 다른 지역에 비해 무역과 농업을 통하여 충분한 경제력을 확보했기에 가능했다.

촐라 왕조에는 신분 제도가 존재했지만 계급 간의 통혼이 허용되었으며 이를 통해 계속해서 새로운 계급이 형성되었다. 여성의 지위도 비교적 좋은 편으로 사회·종교적 행사에 자유롭게 참여하는 등 힌두 사회의 수많은 제약으로부터 자유로웠다. 뿐만 아니라 여성에게도 상속권이 보장되어 여성도 자신의 재산을 가질 수 있었다. 촐라 왕조에서는 여성의 사티가 그리 성행하지 않았으며 결혼은 대체로 일부일처제였다. 하지만 왕이나 부유한 사람은 예외적으로 여러 명의 아내와 결혼할 수 있었다.

촐라 왕조 시대에 타밀문학은 황금기를 맞이했다. 대부분의 문헌은 시 형태로 서술되었으며, 수많은 문인과 학자가 왕의 보호 아래 자신들의 학문 연구에 몰두했다. 또한 언덕과 바위를 깎아 크고 아름다운 사원을 만드는 건축술이 발달했다.

04

사회·문화의 변화

라지푸트 시대에는 잦은 전쟁과 상공업의 발달, 사회 조직의 분화 등으로 인해 직업이 전문화·세분화되면서 기존의 카스트 안에 또 다른 하위 카스트(서브카스트, Sub-caste)의 발달이 촉진되었다. 우리는 흔히 인도의 카스트 제도가 브라만·크샤트리아·바이샤·수드라와 같이 네 개의 계층으로 구분되어 있다고 생각하지만, 실제로는 그 안에 많은 하위 카스트가 존재한다. 다시 말해 각 카스트 내부는 다시 직업의 문화 등에 따라 세분화되어 있는 것이다.

하위 카스트의 등장

초기 농경사회에서는 하위 카스트의 발달 속도가 느렸으나, 라지푸트 시대에 상업 활동이 활발해지고 인구 이동이 급증하면서 그 속도가 빨라졌다. 급격한 사회 변동은 당연히 신분제의 변화를 불러일으켰다. 카스트의 최상층에 있는 브라만은 자신들의 특권과 정체성을 유지하고, 신분제를 공고히 하기 위해 자신들의 배타성을 더욱 강화했다. 특히 외과 의사, 약사 등과 같이 전문적 지식이 요구되는 일이 하나의 직업으로 자리 잡은 경우에는 이들이 하는 일의 가치를 폄하하면서 자신들의 특권에 위협이 되지 못하게 가로막았다.

하위 카스트가 하는 일의 가치를 폄하하지 못하는 경우에는 이들의 출신에 의구심을 갖고 하위 카스트에 종속되도록 유도했다. 예컨대 이 시기에는 문서를 작성하고 기록하는 일이 '카야스타'라는 이름으로 전문화되었다. 이들은 주로 지식인으로 대부분 왕실이나 관청에서 근무했지만, 크샤트리아의 하위 카스트로 간주되는 경우가 많았다. 상업에 종사하는 카트리와 같은 서브카스트는 경제적 필요에 따라 직업을 바꾼 것이며, 자신들은 애초에 큰 존경을 받던 조상의 자손이라 주장했지만 바이샤 계급의 대우를 받았다. 이 밖에 여러 하위 카스트도 자신들의 주장에 미치지 못하는 카스트에 속하는 경우가 대부분이다.

대중과 함께하는 밀교

앞서 언급했듯이 이 시대는 굽타 왕조의 쇠퇴 이후 500여 년간 많은 나라가 생기고 끊임없이 다투었다. 이러한 혼란은 특히 북인도에서 두드러졌다. 언제 죽을지 모르는 불투명한 상황이 이어졌지만 불교는 인도 주민에게 위안을 주기에 미흡했다. 당시 불교는 교리를 연구하고 정리하는 쪽으로 치우쳤기 때문이다. 상당수의 불경이 이 시기에 제작되었다는 사실은 이러한 사실을 잘 보여준다.

일부 불교 승려는 이러한 경향을 비판하면서 대중이 이해하기 쉽고, 대중이 필요로 하는 불교를 만들고자 했다. 이들은 사람들의 눈앞에 직접 보여주고 들려주는 불교 종파를 형성했다. 어려운 불교 교리를 여러 도형을 이용하여 그림으로 설명하고 신자의 소원을 들어주는 여러 가지 주문과 의식을 만들어낸 것이다. 사실 불교가 처음 생겨났을 때부터 소원성취를 목적으로 한 주문과 의식은 존재했지만, 부처는 주술(呪術)이 불교의 본질을 흐린다는 이유로 허락하지 않았다. 하지만 자신과 주변 사람의 안녕을 빌며 기도하는 행위는 인간의 본능이기에 상좌부나 대승을 막론하고 불교에서도 어느 정도 이를 인정하고 있었다. 그러다 7세기경부터 이것이 활성화되어 '밀교(密敎)'란 이름으로 등장한 것이다.

밀교에서 '밀(密)'은 비밀을 의미하며 산스크리트어 '구햐'라는 말을 번역한 것이다. 밀교에서는 진리를 있는 그대로 드러낸 우주 그 자체를 의인화하여 대일여래(大日如來)라 하고, 모든 부처와 보살은 대일여래의 화신이며, 우주 그 자체가 바로 그 여래의 법문이라 한다. 대일여래가 '비밀스럽게 가르쳐주는 불교'란 의미에서 밀교라는 이름이 나왔다고 한다. 하지만 실제로는 기존 불교에서 보기 어려운 주문을 비밀스럽게 외우면서 의식을 행한다고 하여 밀교라 불리기 시작했다.

밀교에는 여러 가지 비밀스러운 의식이 있다. 그 가운데 널리 알려진 것으로 '호마'가 있다. '불태우다'라는 의미를 가진 호마는 제단에 마련한 화로에 불을 피우고 주문을 외우면서 그 불 속에 물건을 던져 공양하고 소원을 비는 의식이다. 호마는 점차 밀교의 중심 의식으로 발전한다. 정해진 순서와 방법을 조금이라도 어길 경우, 수행자의 소원을 성취할 수 없다고 한다. 본래 브라만교의 의식이었고 힌두교에서 이어받은 것을 밀교에서 받아들인 것이다.

- **14세기 후반 티베트에서 제작된 만다라**

  만다라는 진리·본질을 뜻하는 '만다'와 받아들여 자신의 것으로 만든다(변화시킨다)는 의미의 어미 '라'가
  합쳐진 말로 주로 밀교 승려들이 우주의 진리와 깨달음의 경지를 표현하기 위해 제작하였다.

불교가 대중의 필요에 따라 밀교라는 종파를 만들어낸 것처럼 힌두교도 민간 신앙의 여러 신을 힌두교의 신으로 포용하는 변화를 보였다. 신상의 숭배도 힌두교의 본질적인 요소가 되어 신상 제작이 활성화되었으며 힌두 사원도 많이 조성되었다. 이에 발맞추어 산스크리트어 이외에 각 지역의 언어가 성장했다. 좀 더 효과적으로 선교하기 위한 목적 아래 지방 언어는 자연스럽게 통용될 수 있었다.

고대인도를 보여주는 승려의 여행기

중국 위진남북조 시대 동진의 법현은 승려 10여 명과 함께 399년 중국 장안을 출발, 중앙아시아를 경유하여 인도로 들어가 약 8년 간 수행하며 경전을 구했다. 그리고 지금의 스리랑카로 건너가 2년간 체류한 뒤 412년에 산둥반도로 돌아왔다. 귀국 이후에 간행한 『불국기』는 5세기 초 굽타 왕조 시기 인도의 모습을 가장 잘 보여주는 자료로 평가된다.

당나라 현장의 『대당서역기』는 7세기 중앙아시아와 인도 각지의 정치·경제적 상황은 물론 사회·문화까지 꼼꼼하게 기록한 책이다. 그런 점에서 『대당서역기』는 7세기 인도사 연구에 필수적인 사료이다. 『대당서역기』에는 거의 140개에 가까운 '국(國)'에 관해서 그 중심이 되는 도시의 특징, 주민들의 모습, 언어와 문자, 사원과 승려의 숫자, 불교 유적지 등이 차례로 서술되어

• 대안탑

당나라는 현장법사가 인도에서 가져온 불경과 불상을 보존하기 위해 시안(西安)에 대안탑을 건립했다.

있다. 때로는 상당히 자세한 내용의 설화들이 소개되기도 한다. 이 같은 일화 가운데는 사실로 받아들이기 어려운 내용, 즉 전설이나 설화적 요소가 다분히 내포되어 있지만, 많은 경우에는 다른 어느 기록에서도 찾아보기 힘든 내용이 정확하게 기재되어 있다.

신라 출신 혜초가 지은 『왕오천축국전』은 8세기 인도와 중앙아시아에 대한 거의 유일한 기록이라는 점에서 세계적인 주목을 받는다. 특히 이 책에는 8세기 북인도에서 불교의 교세가 쇠퇴해 가는 모습이 수록되어 있어 눈길을 끈다.

카스트 제도는 어떻게 이해할 수 있을까?

1498년 바스쿠 다 가마가 인도의 서남 해안에 도착한 이래 인도에 들어온 포르투갈 사람들은 인도 사람들이 집단 내부에서만 혼인을 한다는 사실을 인식했다. 인도인은 족내혼을 하는 집단을 '자띠'라고 불렀다. 그러나 포르투갈인은 이것을 자신들의 말로 가문·혈통·종족을 뜻하는 '카스타(casta, 어원은 라틴어의 castus)'라고 불렀다. 그 후 인도에 들어온 프랑스인이나 영국인도 그대로 이 말을 사용하여 오늘날의 '카스트(caste)'라는 말로 자리 잡았다.

따라서 카스트의 의미를 정확히 알기 위해서 자띠·카스트 또한 '바르나(varna)'라는 말을 정확히 구분해야 한다. 초기의 신분 제도인 바르나 제도는 사회적인 분화가 이루어지면서 직업의 동일성 여부에 따라 발생한 사회 계급 제도이다. 고대인도에서는 집단을 구별할 때 '빛깔(피부색)'로 표시했다. 원래는 아리아족이 인도에 들어왔을 때 피부색이 지배자와 피지배자를 나타내주었기 때문에 피부색의 차이를 구별하는 관념이라고도 한다. 그래서 역사적으로 본다면 '바르나'라는 말은 계급이라기보다 '계급들의 집단'이라는 뜻을 가지고 있다. 그러므로 바르나보다는 자띠가 인도 사회 내부에 존재하는 수많은 계급을 정확하게 이해하는(나타내는) 개념이라 할 수 있다.

바르나 제도의 초기 단계에서는 신분이 엄격하게 구분되지 않았기에 사람들은 자신의 직업을 어느 정도 바꿀 수 있었다. 그러나 이슬람의 침입과 더불어 힌두 전통을 고수하는 차원에서 신분 제도가 더욱 강화되었으며, 같은 카스트 안에도 상하의 구별이 생겼다. 즉 네 개의 주된 계급 안에서도 '자띠'라고 하여 다시 수많은 계급으로 세분화되었고, 서로 다른 계급 간에는 혼인이 금지되었다.

1947년 영국으로부터 독립하여 출범한 인도 공화국 정부는 카스트 제도를 타파하기 위해 다양한 노력을 전개하고 있다. 구체적인 정책과 성과를 살펴보고, 효과적인 사회 통합 방안에 대해 생각해보자.

11세기 초부터 이슬람 계통의 왕조들이 북인도에 등장했다. 아프가니스탄의 튀르크족이 침입하여 가즈니 왕조와 고르 왕조를 세웠고, 13세기 초에는 델리를 중심으로 이슬람 왕조가 세워졌다(1206). 그 후 약 300년 동안 북인도 지역에서는 이슬람계의 다섯 왕조가 교체되었는데, 이 왕조들을 델리 술탄 왕조라고 한다. 힌두교도는 지즈야(인두세)만 부담하면 자신의 종교를 믿을 수 있었는데, 지즈야가 과중한 것은 아니었지만 엄격한 카스트제에 불만이 많던 인도인 가운데는 신분 평등을 주장하는 이슬람교로 개종하는 사람도 많았다. 이슬람교는 수피 사상의 형태로 인도의 종교 문화에 영향을 미쳤으며 나나크는 시크교를 창시했다. 남인도에서는 비자야나가라가 힌두 왕국의 명맥을 이어나갔다.

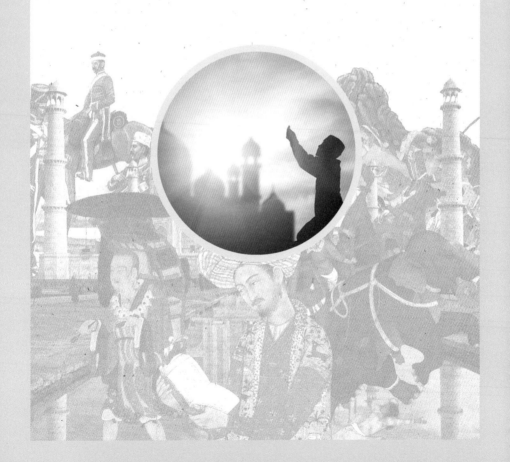

제4장

이슬람 왕조 시대

01

델리를 차지한 술탄

인도 지역에 대한 대규모의 이슬람 침입은 7세기 초로 거슬러 올라간다. 이때 우마이야 왕조의 장군 무함마드 이븐 알카심이 이끄는 군대가 인도 북서쪽의 신드 지방과 펀자브의 무르탄을 정복한 것이다. 이후 신드를 중심으로 한 이 지역을 100년 이상 이슬람 세력이 지배했다.

무함마드 이븐 알카심이 인도에 발을 디딘 이후 아프가니스탄 쪽에서 성장한 이슬람 세력의 인도 침입이 이어졌다. 10세기경 아프가니스탄에는 튀르크 계통의 가즈니가 왕국을 세우고 인도를 넘보기 시작했다.

이슬람의 북인도 평정

가즈니 왕조의 임금 마흐무드는 인도의 북서지방을 지속적으로 공격하여 힌두 사원에 보관된 많은 보물을 약탈하고 인도인을 포로로 잡아왔다. 당시 북인도는 여러 왕조로 분리되어 서로 대립하고 있었기 때문에 마흐무드의 공격에 적절히 대처하기 어려웠다. 마흐무드는 인도 북서지방을 정복하기보다는 힌두 사원에서 재물을 약탈하여 돈을 버는 한편, 종교적인 상징인 신상을 파괴함으로써 이슬람의 힘을 과시하고자 했다.

1018년 그는 12만 명의 대병력을 이끌고 베나레스까지 진격하는 도중에 무트라 지역에 있던 크리슈나 신전을 파괴한 뒤 수많은 금·은·보석과 코끼리, 노예 등을 이끌고 가즈니로 개선했다. 약 5만에 이르는 노예가 한꺼번에 생겨 당시 노예 시장의 시세가 폭락할 정도였다.

1024년에는 서북 해안 카디아왈반도에 있는 솜나트까지 진격했다. 당시 솜나트에는 거대하고 화려한 시바 신전이 있었는데 여기에는 1,000명의 브라흐만 사제, 300명의 이발사와 수백 명의 여인이 신에게 봉사를 드리고 있었다. 이 신전에는 시바의 상징인 거대한 링가가 있었으며, 사제들은 날마다 갠지스강의 성수를 떠다 그것을 깨끗하게 닦았다. 타르사막을 넘어 이곳을 공격한 마흐무드는 신상을 쓰러뜨린 뒤 그 일부를 메카와 메디나로 보내어 길가에 흩어놓고 지나가는 사람들이 멋대로 밟도록 했다.

인도 북부 펀자브 지방에 대한 가즈니 왕조의 영향력에 비례하여 이슬람인의 인도 진출은 더욱 가속화되었다. 인도 상인들은 서아시아 국가와 무역이 확대되기를 기대하며 이슬람인의 진출을 반겼다. 이를 배경으로 점차 북인도 전역에서 이슬람교와 이슬람 문화가 퍼져나가기 시작했다. 특히 펀자브의 중심 라호르는 이슬람 문화의 중심지가 되었다.

가즈니 왕조는 마흐무드가 죽은 뒤, 같은 튀르크계인 셀주크 왕조의 공격을 받아 크게 쇠퇴했다. 인더스강 하구 평야와 아프가니스탄 사이의 좁은 영역으로 쫓겨난 가즈니 왕조는 자신들의 지배 아래 있던 고르 왕조의 공격을 받고 멸망했다.

고르 왕조의 무함마드 고리는 힌두교도와 같은 우상숭배자에게 이슬람교를 전파해야 한다는 의무감으로 성전(聖戰)을 포고한 후 북인도를 공격했다. 그는 무르탄·펀자브 지방을 병합하고 라지푸트족을 격파하여 델리 지방을 포함하는 북인도 지방을 평정했다. 그는 정통파 무슬림을 각 주의 지사로 임명한 뒤 이슬람교 선교의 초석을 마련하고는 본국으로 돌아왔다. 그러나 1206년

내분으로 암살되고, 인도 지역은 쿠트브 웃딘 아이바크에게 위임되었다.

델리 술탄 왕조의 변천

구르의 무하마드가 암살당하자 가즈니에서는 노예 출신인 알두즈가, 그리고 인도 지역은 쿠트브 웃딘 아이바크가 각각 술탄이 되어 그의 뒤를 계승했다. 야망에 찬 알두즈는 델리 지역에 대한 지배권을 주장하면서 펀자브 지역을 침공했지만, 도리어 아이바크에게 격퇴당한 채 가즈니마저 빼앗기고 말았다. 하지만 알두즈는 불시에 아이바크를 기습하여 다시 가즈니를 차지했다.

이후 아이바크는 인도의 술탄임을 선포하고 델리를 수도로 인도에 최초의 독자적인 이슬람 왕국을 세웠다. 술탄은 근대에 이르기까지 동남아시아에서 서아프리카에 이르는 광범위한 지역에서 널리 쓰인 이슬람 군주의 칭호였다.

술탄은 원래 아라비아어에서 '권력'이나 '권위'를 뜻하는 추상명사였으나, 10세기경 '권력자'라는 의미를 띠게 되어 강력한 재상이나 가즈니 왕조의 군주 등에 적용되는 별명이 되었다. 그 뒤 동이슬람권을 상당 부분 장악한 11세기 셀주크 왕조의 군주가 술탄이라는 칭호를 쓰게 된 이후 군주의 대표적인 칭호가 되었다. 13세기에 이르러 술탄은 '절대적으로 독립적인 군주'를 의미하게 되었다.

이 왕조는 아이바크뿐만 아니라 그 후계자들이나 고위 관료의 상당수가 튀르크족 노예(맘루크) 출신들이기 때문에, 인도사에서는 이 왕조를 '노예 왕조(1206~1290)'라고 부른다. 인도 북부 지역에서는 노예 왕조 이후 로디 왕조에 이르기까지 약 300년간 델리를 중심으로 다섯 개의 이슬람계 왕조가 교체되었는데, 이 왕조들을 '델리 술탄 왕조'라고 한다.

아이바크가 죽은 후 역시 노예 출신인 일투트미시(재위: 1211~1236)가 나라를 이어받아 통치 체제를 강화했다. 일투트미시는 자신의 딸인 라지야에게 왕위를 물려주었지만, 이슬람 사회에서 관료들은 여왕의 통치 자체를 부정했다. 결국 라지야는 왕위에 오른 지 5년도 되지 않아 살해되고 말았다. 이후 노예 왕조는 발반의 집권기에 몽골의 침략을 맞이했다. 하지만 이를 효과적으로 막아내지 못하여 급격히 쇠퇴하기 시작했다.

1286년 발반이 죽은 이후 튀르크 관료들이 후계자 문제로 고심하는 사이에 평소 이들에게 차별을 받고 있던 할지족이 봉기하여 할지 왕조(1290~1320, '칼지'라 부르기도 함)를 수립했다. 할지 왕조에서 큰 족적을 남긴 인물로 알라우딘을 꼽을 수 있다. 알라우딘은 귀족에게 제공되는 상당수의 특혜를 대담하게 폐지함으로써 왕실의 수입을 증가시키고 왕권을 강화시켰다. 알라우딘은 관료들이 국가를 대신하여 토지세를 걷어 수입을 마련하는 이그타 제도까지 폐지하여 국고로 환수했다. 또한 귀족이 혼인 관계를 맺어 세력을 확대하는 것을 경계하고자 결혼할 때 허가를 받도록 했다.

무리한 정복활동으로 국력이 떨어져

14세기 초 몽골이 국내 문제로 인도를 떠나 되돌아가자, 알라우딘(재위: 1296~1316)은 북인도뿐 아니라 남인도에 대한 지배에 나섰다. 여러 차례 남인도 공략에 나선 끝에 짧은 기간이지만, 무슬림 최초로 남인도를 정복했다. 이러한 활동에 근거하여 그를 제2의 알렉산드로스라 부르기도 한다. 하지만 무리한 정복 활동에 국력을 소진한 탓에 할지 왕조는 알라우딘이 죽은 이후 급속도로 약해져 1320년 투글라크 왕조의 수립으로 멸망했다.

투글라크 왕조의 무함마드도 할지 왕조의 알라우딘처럼 남인도 정복을 강하게 추진했다. 아니 오히려 더 저돌적으로 남인도를 압박하고자 했다. 1336년 남인도에서 비자야나가라라는 힌두 왕국이 수립되자 그는 아예 남인도를 정복하기 위해 1337년 델리에서 남쪽의 데오기리(다울라타바트로 이름을 고침)로 수도를 옮겼다. 뿐만 아니라 델리의 모든 주민을 그곳으로 이주시키는 명을 내렸다.

이때 델리에 머물고 있던 이븐 바투타는 델리의 거리가 완전히 황폐해져 개나 고양이 한 마리조차 남아 있지 않았다고 당시의 상황을 묘사할 정도였다. 왕실만 옮겼더라면 소정의 목적을 달성할 수 있었겠지만, 델리의 전 시민을 다울라타바트로 이주시키려 했다는 점에서 문제가 발생했다. 도로 등과 같은 사회 기반 시설은 고사하고 거주할 집도 부족한 상황에서 시민들은 매일 고통을 겪었다. 결국 수도를 옮긴 지 3년 만에 무함마드는 주민들을 이끌고 다시 델리로 돌아올 수밖에 없었다. 이러한 과정에서 엄청난 국가 재정과 노동력이 낭비된 것은 물론이다.

무함마드는 부족한 재정을 보충하고 세금을 좀 더 효과적으로 거두기 위해 유력한 사람들에게 징세 업무를 맡기는 제도를 실시했다. 하지만 세금을 제대로 거두지 못할 경우 강력하게 처벌했기 때문에 징세 업무 담당자들이 종종 반란을 일으켰다. 또한 남쪽으로 수도를 옮긴 사이에 힘을 모은 북인도의 여러 세력이 반기를 들었다. 이러한 상황을 틈타 남인도에서는 비자야나가라 왕국이 건설되기도 했다.

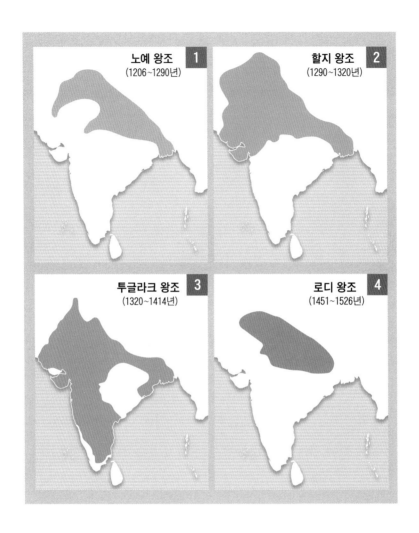

- **델리 술탄 왕조의 영역 변화**

  1206년부터 약 300년간 델리를 중심으로 다섯 개(노예·할지·투글라크·사이드·로디)의 이슬람 왕조가 교체되었다. 지도는 40년도 지속되지 못한 사이드 왕조를 제외한 나머지 왕조의 영역을 보여준다.

무함마드의 뒤를 이어 왕위에 오른 피루즈(재위: 1351~1388)는 국내외의 혼란을 없애고자 이슬람 귀족들과 돈독한 관계를 유지했다. 또한 힌두 문화에도 많은 관심을 기울여 학자들이 산스크리트 종교 문헌뿐 아니라 음악·의학·수학 등에 관한 다양한 서적을 페르시아어로 번역하게 했다. 또한 피루즈는 델리의 역대 술탄들 가운데서 공공사업과 건축에 많은 힘을 기울인 것으로 유명하다. 각지에 신도시를 설계하고 도로를 정비했으며, 관개용 운하와 다리를 건설했다. 델리 근교에는 이 당시에 건축된 모스크·궁전·학교 등이 힌두 양식을 가미한 특이한 모습으로 남아 있다.

피루즈의 죽음으로 투글라크 왕조가 쇠퇴할 무렵 티무르가 이끄는 군대가 북인도를 공격했다. 티무르는 델리를 점령하고 2주일간 도시를 약탈했는데 10만 명이 넘는 주민이 학살당했다고 한다. 짧은 기간이었지만, 이 사건으로 투글라크 왕조는 급격히 쇠퇴했다. 결국 티무르에게 통치를 위임받아 델리를 지배하고 있던 사이드가 술탄을 선언하고 새로운 왕조를 개창했다(사이드 왕조, 1414~1451). 하지만 사이드 왕조는 반 세기도 채 되지 않아 몰락하고 아프간족 바흘 로디가 세운 로디 왕조(1451~1526)에 북인도를 넘겨주었다.

바훌 로디는 델리에 인접한 지역 통치에서 시작하여 제국의 경계를 벵골까지 확장했다. 바훌의 아들 시칸다르 역시 정력적인 인물로 아버지의 뒤를 이어 영토를 계속 확장해나갔다. 라지푸트를 제압하기 위해 아그라에 새로운 수도를 건설했다. 시칸다르의 맏아들 이브라힘은 뛰어난 군사적 지도자였으나, 다소 관용이 부족하여 귀족을 지나치게 억압했다. 이에 당시 펀자브의 총독은 무굴 제국 통치자 바부르를 불러들여 로디 왕조 공격에 나섰다. 이브라힘은 파니파트 전투(1526)에서 이들에 맞섰으나 전사했다. 결국 로디 왕조를 끝으로 델리 술탄 왕조는 종말을 고하게 되었다.

02

힌두 문화와 이슬람 문화가 서로 섞이다

인도에 들어온 아라비아의 이슬람은 초기에 힌두교·불교의 사원과 신상을 파괴했다. 그러나 점차 종교적인 관용을 보이기 시작했으며, 의식주를 비롯하여 다양한 부분에서 힌두 문화와 섞이기 시작했다.

이 시대에는 엄격한 카스트 제도에 불만이 있던 인도인 가운데서 신분 평등을 주장하는 이슬람교로 개종하는 사람이 많았다. 하지만 종교를 이슬람교로 전향하는 일이 급격하게 이루어진 것은 아니었으며 힌두교도의 수는 항상 무슬림을 압도했다. 왕조에 따라 이슬람으로 바꾼 사람에게 여러 혜택을 부여했지만, 이들의 삶을 근본적으로 바꿀 정도는 아니었기 때문이다.

힌두 문화를 존중한 이슬람 왕조

이슬람 왕조는 대체로 자신들의 통치 지역에 이슬람 문화와 규범을 강제로 적용하기보다 기존의 힌두 관습을 존중했다. 비 (非)무슬림은 이들 자신의 관습을 유지하는 데 자유로웠다. 예컨대 사티의 경우 무슬림의 율법 아래서는 명확히 자살 또는 살인 행위로 제재 대상이었으나, 힌두 여성에게는 그대로 인정되었다.

인도에서 무슬림 사회는 크게 세속적인 일반 행정과 종교를 관장하는 귀족, 수공업자, 경작자의 세 집단으로 나뉘었다. 귀족들은 튀르크인·아프가니스탄인·페르시아인·아라비아인 등의 다양한 인종으로 구성되어 있었는데, 튀르크인이 정치권력을 주도했다. 귀족 가운데서 울라마와 같은 율법학자·종교 지도자는 가장 높은 권위를 갖고 있었다. 울라마는 술탄의 고문 역할을 했으며, 어떤 이는 사법권까지 행사했다.

권력을 행사하던 울라마와 달리 브라만은 면세와 같이 이전에 갖던 특권을 누리지 못했으며, 왕실에서 큰 힘을 발휘하지 못했다. 이 시대에 울라마와 브라만이 서로 대립했을 거라 생각할 수도 있으나, 이슬람 사원인 모스크와 힌두 사원이 떨어져 있었기 때문에 서로 만날 일은 드물었다. 이들 종교 지도자는 자신의 종교가 다른 종교의 영향을 받는 것을 극도로 꺼렸기 때문에 예배 장소를 멀리 두고자 했던 것이다.

인도에 존재하던 힌두 문화와 새로운 이슬람 문화 사이의 융합은 도시 수공업자와 농민 사이에서 나타났다. 이러한 현상은 특히 건축업에 종사하는 수공업자 사이에서 눈에 띄게 나타났다. 출생과 혼인, 죽음 등과 같이 인간의 삶과 직접적으로 관련된 종교 의식이 서로 혼합되었다.

카스트 제도는 이슬람 사회에서 인정되지 않았지만, 결코 무시되지 않았다. 아라비아·튀르크·아프가니스탄·페르시아 등 외국 혈통을 가진 계통은 훗날 아슈라프(존경받을 만한 사람)라 불렸다. 전체 인도 사회는 여전히 브라만을 정점으로 한 카스트 제도를 유지하고 있었다. 뿐만 아니라 사회 내에서 여성의 지위 역시 거의 변한 것이 없었다. 그 이유는 무엇보다도 이슬람 사회에서 여성의 지위가 힌두 사회와 별반 다를 것이 없었기 때문이다. 여성은 여전히 조혼을 하고 남편에게 헌신하는 것을 최상의 의무로 여겼다. 어려서는 아버지에게, 커서는 남편에게, 늙어서는 아들에게 귀속되었다. 파혼은 몸에 고칠 수 없는 질병이 있는 것과 같은 특별한 경우에만 허용되었으며, 일반적으로 재가는 금지되었다.

힌두·이슬람 문화가 융합된 건축과 언어

힌두와 이슬람, 성격이 극명하게 다른 이 두 종교 또는 문화가 통치자와 피통치자로 만난 인도 대륙은 여러 분야에서 많은 변화를 겪었다. 오늘날에도 건축과 언어를 중심으로 이러한 변화의 흔적을 찾아볼 수 있다.

원래 사원과 무덤의 건축 표면 장식에서 힌두와 이슬람은 극명한 차이를 드러냈다. 힌두교의 경우 사원 외벽에 신이나 사람·동물 등의 조각을 놓거나 꽃 또는 식물 등의 부조로 자연스러운 이미지를 준 반면, 이슬람 사원은 다양한 기하학 문양이나 꽃·식물·과일 문양이 반복되는 아라베스크 또는 『쿠란』의 말씀을 건물 외벽에 새겨 넣은 캘리그래피 등으로 장식 효과를 극대화했다. 이슬람 예술은 사람이나 동물을 표현하지 않는다. 사람이나 동물의 형상이 우상숭배 도구로 전락할 수 있다고 생각하기 때문이다. 아라베스크는 이러한 종교 배경에서 피어난 대안 예술이다.

무슬림이 북인도, 특히 델리를 정복하고 제일 먼저 한 일은 기존 힌두교나 자이나교 사원을 부수고 그 자재를 써서 이슬람 사원을 지은 것이다. '이슬람의 힘'이라는 뜻의 쿠와툴 이슬람 사원이 대표적이다. 이 사원 안에는 높이가 약 73미터에 달하여 인도

- **아라베스크 문양**

  모스크 안에는 특별한 장식이 없다. 대신 꽃과 나무를 상징하는 무늬와 신의 말씀을 아라비아어로 기하학적으로 배치하여 예술성을 표현한 아라베스크로 채워져 있다.

- **쿠와툴 사원의 쿠트브 미나르**

  노예 왕조의 쿠트브 딘 아이바크가 델리를 정복한 기념으로 1193년에 건립을 시작하여 1368년에 완공한 것으로 알려져 있다. 1층은 힌두 양식, 2·3층은 이슬람 양식으로 조성되었다.

에서 가장 높은 탑으로 인정받는 쿠트브 미나르가 있다.

이 사원 중앙 마당(中庭)의 동서남북 사면에 기둥이 늘어서 있다. 그런데 힌두교와 자이나교 사원의 건축자재를 사용한 탓에 이슬람에서 금지된 동물이 묘사돼 있을 뿐 아니라, 푸르나 칼라샤와 같은 힌두교 문양이 그대로 사용되었다.

할지 왕조의 알라이딘이 쿠와툴 이슬람 사원을 증축하면서 세운 출입문은 오늘날 알라이 다르와자(알라이의 문)라 불리고 있다. 붉은 사암과 흰 대리석이 절묘하게 조화된 이 출입문에는 인도에서 가장 오래된 돔이 남아 있다. 다소 뾰족한 아치 모양의 출입

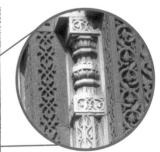

• **푸르나 칼라샤 문양**
푸르나 칼라샤는 '가득 찬 항아리'란 의미로 힌두교도가 풍요로운 삶과 영생을 기원하며 새겼다. 기도할 때 항아리 안에 물 대신 커다란 코코넛 열매 등을 넣을 때도 있다.

문 가장자리에 늘어서 있는 꽃봉오리 모양 장식은 우아함을 더해준다.

할지 왕조 이후 등장한 투글라크 왕조 시대에 힌두와 이슬람 문화가 융합된 건축물이 가장 활발하게 조성되었다. 델리 교외 동남쪽에 위치한 성터 투글라카바드를 비롯해, 자한파나·페로즈 샤 코틀라 등은 이 왕조의 수도터이다.

투글라크 왕조 초기 건축은 대개 무겁고 육중한 느낌을 주면서 뒤로 기우는 경사진 벽을 지닌 것이 특징이다. 후기에는 건물

• **쿠와툴 사원의 남쪽 문 알라이 다르와자**
할지 왕조의 알라우딘이 건설한 알라이 다르와자는 쿠와툴 사원의 남쪽 문으로 인도에서 이슬람 형식을 완벽하게 구현한 첫 번째 건축으로 유명하다. 아치 아래 창끝 모양으로 뾰족하게 튀어나온 것은 연꽃 봉오리(Lotus bud)를 형상화한 것으로 인도에서 처음 구현되었다.

의 표면을 석회로 두껍게 바르고, 그 위에 장식 효과를 내기 위한 그림을 그리기도 했다.

사이드·로디 왕조 시기의 건축물은 무덤이 많다. 델리 시내, 특히 사우스델리 이곳저곳에 자리한 수많은 무덤은 대부분 이 시기에 지어진 것들이다. 무덤의 모양은 4각과 8각 두 가지로 8각 무덤은 대개 왕의 무덤이며, 4각 무덤은 귀족이나 왕족의 무덤이다. 로디 가든(Lodi Garden)에는 8각 무덤 두 기(基)가 있다. 사이드 왕조의 왕 무함마드 사이드와 로디 왕조의 왕 시칸드라 로디의 무덤이다.

8각 무덤의 베란다에는 이 시기부터 라자스탄과 구자라트 건축양식에서 영향 받은 조그만 정자 모양의 차트리와 베란다에서 아래로 내린 처마가 본격적으로 사용되었다. 이러한 건축 양식은 타지마할에서 정점을 이루었는데 다음 장에서 구체적으로 살펴볼 수 있다. 이 밖에도 아치와 돔으로 대표되는 이슬람 건축 기법과 아라베스크나 타일, 기하학 문양 등의 건축 표면을 장식하기 위한 기법은 현재까지도 인도 건축에 많은 영향을 미치고 있다.

언어적으로는 우르두어의 탄생을 들 수 있다. 우르두는 튀르크어로 '군대의 병영(兵營)'을 의미한다. 인도를 정복한 튀르크인은 튀르크어와 페르시아어를 사용했다. 그러나 많은 인도인 용

- **투글라카바드**

  기아슷딘은 투글라크 왕조를 개창한 직후 이곳에 성을 세웠다. 하지만 물 부족 등으로 인해 7년 만에 버려진 뒤 자한파나에 도성의 자리를 내주었다.

- **로디 가든의 8각 무덤**

  사이드 왕조의 세 번째 임금인 무함마드 사이드와 그의 가족이 안치되어 있다.

병이 튀르크 군대에 채용되었으므로, 군대 내부에서는 지휘와 전달 체계에서 모두가 사용할 수 있는 공통의 언어를 필요로 했다. 이 문제를 해결하기 위해서 병영과 왕실에서 탄생하여 발전해 온 것이 우르두어이다.

우르두어는 서부 힌디어로부터 문법을 빌려왔고, 어휘는 페르시아어를 비롯해서 아라비아어·튀르크어·산스크리트어에서 가져왔다. 그래서 우르두어를 사용하는 사람들은 힌디어와 가까워질 수밖에 없었다. 오늘날 우르두어는 북인도 일대와 데칸 지방 일부에서 사용되고 있을 뿐만 아니라, 파키스탄의 국어로 쓰이고 있다. 이 언어는 델리 술탄 왕조 시대에 형성되어 무굴 시대에도 실제 대화에 사용되었다.

03

신과 하나 되기를 희망한 나나크

인도에 유입된 이슬람교는 수피 사상의 형태로 인도의 종교 문화에 영향을 미쳤다. 수피는 이슬람의 형식주의를 비판하며 현실적인 방법을 통해 신과 합일되는 것을 최상의 가치로 여기는 이슬람 분파이다. 수피는 진리가 경전이나 말에 있는 것이 아니라 알라에게 몰입되는 체험을 통해 찾을 수 있다고 주장한다. 따라서 이들은 신과 하나가 되기 위해 춤과 노래로 구성된 독자적인 의식을 행하기도 한다. 수피파가 청빈을 강조하며 하얀 양털(수프)을 몸에 걸치고 철저하게 금욕적인 태도로 고행을 한 데서 수피라는 말이 등장했다는 설이 가장 유력하게 여겨진다. 하지

• **회전하는 춤을 추며 황홀경에 빠진 수피 신자**

수피 신자의 수행법 가운데는 두 팔을 벌리고 회전하는 동작을 계속하는 '회전 명상'이 있다. 몸의 회전에 따라 회전하는 주위 풍경은 빠르게 변화하는 세계를 뜻하는 것으로, 어떤 일을 만나더라도 흔들림 없이 살아가는 자세를 갖고자 이러한 수행을 행한다고 한다.

만 지혜라는 뜻을 가진 그리스어 '소피아(Sophia)'에서 유래됐다는 말도 전해진다.

수피 사상의 인도 유입과 박티 운동의 탄생

수피(Sufi) 사상은 형성 초기부터 이슬람교의 사제(울라마)와 무슬림 통치자에 의해 적대시되었다. 그리하여 수피 신도는 해외로 눈을 돌려 델리 술탄 시대부터 인도 지역에 적극적으로 진출했다. 수피 신도는 신드와 펀자브 지방에 정착하여 다시 구자라트·데칸·벵골 지방으로 들어갔다. 수피 사상은 금욕적이고 신비주의 성향이 짙은 인도인의 취향과 잘 맞았다. 신 앞에 모든 사람은 평등하다는 수피 사상은 카스트 제도로 천대받던 하층민 힌두교도들이 갈망하던 것이기도 했다. 이러한 사상은 하층민이나 불가촉천민에게 대단한 호응을 얻게 되었음은 물론, 인도 사회와 문화가 영적으로 발전하는 데 이바지했다. 나아가 무슬림과 힌두가 함께 어울려 살고 협조하는 분위기를 창출해냈다.

특히 주목할 점은 12세기 이후의 수피 사상이 힌두교에서 신에 대한 헌신을 강조하는 박티(Bakti) 사상과 매우 밀접한 관계를 맺고 융합되었다는 사실이다. 이러한 융합은 이슬람 문명과 힌두 문명 사이의 다양한 문화 교류를 가져왔다. 언어적 상호작용은 물론 형이상학적 철학 사상, 그리고 종교적 믿음과 실천수행의 교류를 가져왔다. 대다수의 브라만조차 수피 신도에게 많은 감동과 영향을 받았다. 힌두교도 사이에서 수피 신도처럼 수염을 기르고 긴 지팡이를 들고 걸어 다니거나 페르시아 언어로 된 경전을 읽는 것이 성행할 정도였다.

수피 사상이 짧은 시간에 인도 전역으로 퍼질 수 있었던 것은 수피 신도의 숭고한 정신과 수행자로서의 고결한 도덕을 통해 이슬람의 교의가 체현됨으로써 인도인을 감화시켰기 때문이다. 수피 신도는 성스러운 존재와 인류 공통의 형제애에 대한 사랑의 복음을 전할 뿐 이슬람교를 전하는 선교사는 아니었다. 수피 신도는 무슬림의 지배와 오랫동안 지속되어온 종파적 차이에 의해 어지럽혀진 사회 균형을 회복하려 노력했다. 또한 인도 대중이 영적 가치에 대한 확신을 회복하는 데 도움이 되었으며, 길은 여럿이더라도 목표는 하나라는 것을 보여주었다. 그리하여 공격적으로 이슬람 사상을 포교하지 않았는데도 인도의 전통문화와 융합된 형태로 박티 운동을 탄생시킬 수 있었다.

박티 사상은 신에 대한 헌신을 통하여 신과 인간의 신비적 합일을 추구하는 힌두교의 사상을 의미한다. 수피 사상과 박티 사상의 융합에 의해 일어난 박티 운동의 지도자들은, 대중에게 다가서서 이들의 어려움을 듣고 이를 대변하며 이들에게 깨달음을 주고자 했다. 대표적 인물로는 카비르와 나나크를 들 수 있다.

평등의 상징, 황금 사원

카비르는 모든 종교는 본질적으로 같은 것이며, 모든 인간은 평등하다는 생각을 갖고 있었다. 따라서 힌두교나 이슬람교 어느 한쪽을 따르기보다 양쪽에서 필요한 것을 수용하는 절충적인 입장을 가지고 있었다. 힌두교에서 윤회와 업 개념을 받아들였으나 우상 숭배·카스트 제도 등은 거부했다. 이슬람교에서는 유일신 개념과 신 앞에서 모든 인간이 평등하다는 사상을 받아들였다. 그는 무슬림의 형식주의도 거부하여 카바 신전을 향해 매일 다섯 차례 예배하는 행위가 무의미하다고 보았다. 정해진 시간에 정해진 행동을 하기보다는, 기회가 있을 때마다 신을 찬미하는 것이 진정한 믿음이라 주장했다. 아울러 카비르는 무슬림이 동물을 희생 제물로 바치는 것을 강력히 비난하며 불살생을 강조했다.

나나크는 이러한 카비르의 영향을 받았으며 힌두교와 이슬람교의 부패와 형식주의에 반대하며 양 종교로부터 장점을 취해 새로운 종교를 창시했다. 그 종교는 지도자를 '구르'라고 불렀으며, 스승을 따르는 제자들을 '시크'라고 불렀기 때문에 시크교라 불리게 되었다.

나나크는 힌두교와 이슬람교의 좋은 점을 모아 이에 근거한 보편적 관용의 믿음을 강조했다. 그는 모든 종교적 형식과 의례를 부정하고, 우상숭배를 금지하며 카스트 차별을 부정했다. 음식에 관한 여러 금기 사상을 떨쳐버리기 위하여 어떤 카스트라도 함께 같은 음식을 먹는 공동 무료 식당(구르카 랑가르)도 열었다.

또한 술·담배 등을 멀리하고 사회의 일원으로서 직업을 갖고 봉사하는 삶의 가치를 가르쳤다.

시크교는 누구나 평등하다는 원칙을 철저히 지키는 것으로 유명하다. 하루는 무굴 제국의 황제 아크바르가 시크교가 운영하는 무료 급식소를 방문하게 되어, 수행원들은 왕을 위한 별도의 식사 준비를 요청했다. 하지만 시크교도는 이러한 특별 대우는 교리에 어긋난다고 하며 요청을 거부했다. 결국 아크바르 황제는 일반인과 함께 동일한 메뉴의 식사를 했다고 한다.

시크교의 총본산은 황금 사원이라 불리는 '하리만다르(신의 집)'이다. 당시 힌두 사원은 사원의 동쪽에만 문을 설치하여 선택된 계급만 드나들 수 있게 했고, 이슬람 사원은 서쪽에만 문을 설치하여 무슬림 남성만 들어오게 했다. 그러나 황금 사원은 사방에 문을 두어 카스트나 성별에 상관없이 모든 사람이 드나들 수 있게 만들어졌다.

시크교는 이후에 무굴 제국의 정치·종교 문제와 갈등을 빚어 여러 차례 전쟁을 벌였다. 그 과정에서 시크교는 무굴 제국의 폭정에 대항하고자 '칼사(Khalsa, 순수함)'란 이름의 무장 조직을 구성했다. 칼사 단원에게는 K로 시작되는 다섯 개의 징표를 갖추도록 했다. 자르지 않은 머리카락(Kes), 머리빗(Kangha), 철제 팔찌(Kara),

- **시크교의 황금 사원**
  16세기 후반에 시크교의 제4대 교주 람다스의 주도로 건설이 시작되었다고 전해진다. 19세기 초 지붕 등에 순금을 입히면서 황금 사원이라 불리기 시작했다.

순결을 의미하는 속바지(Kachch), 단검(Kirpan)이 그것이다. 그리고 칼사 단원이 된 남자에게는 사자라는 의미를 가진 '싱'이란 칭호를 붙이게 했고, 여자에게는 암사자란 의미의 '카우르'라는 칭호를 주었다.

04

비자야나가라, 힌두 왕국의 자존심

북인도에서 이슬람 왕조가 유지되는 동안, 남인도에서는 퉁가바드라강 남쪽 비자야나가라에 도시 이름을 딴 힌두 왕국이 들어섰다. '승리의 수도'라는 도시의 뜻이 보여주듯 비자야나가라 왕국은 1336년부터 약 300년간 이슬람 연합군에 패할 때까지 존속하며 힌두 왕국의 명맥을 이어나갔다.

앞서 살펴본 것처럼 델리 술탄 왕조의 여러 임금은 끊임없이 남인도 원정에 나섰지만, 비자야나가라를 차지하지 못했다. 오히려 델리 술탄 왕조의 힘이 약해진 틈을 타 1347년 아프간 사람 하산이 브라만의 나라를 의미하는 바흐마니 왕국을 데칸 지역에 수립하여 약 200년간 세력을 떨쳤다.

남인도의 두 힌두 왕국

비자야나가라 왕국과 바흐마니 왕국은 라지푸트 시대에 북인도의 여러 나라가 카나우지를 두고 대립했듯이, 퉁가바드라 지역을 둘러싸고 끊임없이 대립했다. 퉁가바드라 지역은 고대부터 교통과 무역의 중심지로 이름이 높았다. 따라서 나라의 재정을 확충하고 더 발전하기 위해서 이 지역이 꼭 필요했다. 또한 고다바리강과 크리슈나강 사이의 지역도 농사와 무역에서 이득을 취할 목적으로 두 나라가 경쟁적으로 차지하려 했다.

두 나라는 이들 지역을 차지하기 위해 치열하게 대립했다. 이러한 과정에서 어린아이까지 무차별적으로 죽임을 당했다. 너무나 잔혹한 전쟁을 이기지 못한 두 나라는 퉁가바드라 지역을 양분하기로 합의했지만, 그 약속은 오래가지 못했다.

이처럼 계속되는 전쟁 속에서도 비자야나가라 왕국은 15세기 중반까지 남인도에서 가장 강력하고 부유한 상태를 유지했다. 당시 남인도를 여행했던 많은 여행가는 왕국의 수도 비자야나가라가 일곱 개의 성곽으로 둘러싸여 있었으며, 왕궁 둘레로 거대한 네 개의 시장이 있었다고 전한다. 또 여러 개의 운하와 냇물이 흐르고 있었으며 도시 규모가 로마보다 컸다는 기록을 남겼다. 뿐만 아니라 무역이 활발하여 왕과 귀족의 생활은 극도로 호사스러웠다. 그렇지만 일반 백성에게는 무거운 세금과 가혹한 형벌이 부과되어 부의 편중이 매우 심한 편이었다.

크리슈나 데바 라야 왕(재위: 1509~1530)이 집권하면서 비자야나가라 왕국의 발전은 절정에 달했다. 그는 영토를 크게 넓혔을 뿐 아니라 치수 사업 등을 통해 내정에도 힘을 쏟았다. 또한 막 인도로 진출하기 시작한 포르투갈인과도 우호관계를 유지하면서 해상 무역을 위한 해군력 증강에 관심을 기울였다.

15세기 후반 바흐마니 왕국은 국내의 사회·경제 제도를 정비하는 한편 더욱 적극적으로 영토 확장에 나섰다. 그러나 이를 추진하던 재상 가반이 반대파에 의해 암살된 이후 왕국은 점차 쇠락하기 시작했다. 지방의 여러 세력은 금을 횡령하여 자신의 개인적인 군대를 확충하는 등 왕권을 크게 무시했다. 결국 바흐마니 왕국은 16세기 초·중반에 5개국(비자푸르·콜콘다·아메드나가르·비다르·베라르)으로 분열되었다. 반면 이 시기 비자야나가라는 크리슈나 데바 라야 집권기로 크게 번성했다.

분열된 다섯 나라는 군사력을 키우며 비자야나가라를 공격할 시기를 엿보고 있었다. 마침내 이들 중 4개국이 연합하여 남인도로 진군했다. 1565년, 비자야나가라는 탈리코타에서 이들과 맞서 싸웠으나 크게 패한 뒤에 제대로 일어서지 못했다. 결국 비자야나가라는 한 세기를 더 버티지 못하고 1646년 역사에서 사라졌다.

비자야나가라의 통치 구조와 사회 문화

비자야나가라는 자신들의 영역을 크게 다섯 개 지역으로 구분하고, 단다나야카(또는 단다나샤)라 불린 지방관을 파견했다. 군대는 국왕이 통솔하는 집단과 지방 세력이 운용하는 조직으로 구성되어 있었다. 나라 전체에 110만 명의 상비군이 있었으며 해군의 병력도 상당했다.

이 나라는 군사력 증진을 위해 경기장 등 주민이 꾸준히 운동할 수 있는 시설을 전국적으로 만들고 주기적으로 체육대회를 개최했다. 특히 레슬링을 숭상하여 여성 레슬러에 대한 기록이 남아 있을 정도이다. 군인 양성을 위한 체계적인 군사 학교를 운영했다는 사실에서도 비자야나가라의 상무(尙武) 정신을 확인할 수 있다. 비자야나가라는 인도에서 처음으로 장거리 대포를 사용할 정도로 최신 무기 도입에도 적극적이었다.

경찰 제도의 경우 범죄자 체포보다는 범죄 예방에 목적을 두

• **빗탈라 사원**

비자야나가라 건축물 중 백미로 꼽히는 빗탈라 사원. 위는 빗탈라 사원의 입구이며, 아래는 사원의 전체
적인 모습이다.

어 민가에 도둑이 들었을 때는 경찰이 책임을 지고 배상해야 했다. 재판은 몇 단계의 법정으로 나누어 진행되었고, 최종심은 황제 앞에서 열렸다.

비자야나가라는 모든 종교와 종파에 관대한 나라로 알려져 있다. 그러나 힌두 왕국답게 카스트 제도가 널리 퍼져 있었다. 따라서 남편이 죽으면 아내가 따라 죽는 사티 제도가 성행하여 한때 왕이 죽자 400~500명가량의 후궁이 함께 화장을 당했다. 하지만 한편으로 이 왕조의 여성 중에는 남성의 독점 영역으로 간주되었던 행정·무역·예술 분야에 진출한 사람도 있었다고 한다.

국왕이 거주하는 수도에 조성된 상수도 공급 시스템은 비자야나가라의 가장 특징적인 사회 시스템이라 할 수 있다. 하지만 이러한 시스템은 왕실과 힌두 사원 등 특정 시설을 위해 설치된 것이었기에 모든 주민이 이용하지는 못했다.

비자야나가라의 건축은 판드야·촐라 등 남인도에 있었던 여러 나라 스타일이 융합된 모습을 보여준다. 건축 기술자는 자신들의 왕국이 지속적인 위협에 처했다는 사실을 알고 있었기에 화강암을 이용하여 내구성 있는 건물을 지었다. 특히 완공에 수십 년이 걸린 빗탈라 사원은 비자야나가라 건축의 백미로 꼽힌다.

포르투갈인 바스쿠 다 가마의 인도 진출

1998년 5월 20일, 바스쿠 다 가마의 인도 항해 500주년을 앞두고 인도 정부는 기념 행사를 준비했다. 하지만 이는 인도 주민의 격렬한 반대에 부딪혀 무산되었다. 행사에 반대하는 사람들은 'Explorer or Exploiter?' 즉 바스쿠 다 가마가 탐험가인지 인도를 착취한 사람인지 모호하다고 주장했다.

• 포르투갈 지폐 속의 바스쿠 다 가마

사실 지금까지도 바스쿠 다 가마에 대한 상반된 평가는 좁혀지지 않는다. 탐욕에 찬 인물로 묘사되기도 하지만, 한편으로 그는 유로화가 사용되기 전까지 포르투갈 지폐의 주인공이었으며, 파격적인 항법으로 인도 항로를 개척한 선각자로 인식되는 것도 사실이다.

바스쿠 다 가마는 포르투갈 왕실의 지원을 받아 1497년 7월 초 네 척의 배를 이끌고 리스본을 출발했다. 그는 적도의 무풍지대를 피해 육지에서 멀리 떨어진 심해를 항해했으며, 아프리카 남단인 희망봉을 돌아 동해안을 따라 북상해, 1498년 4월에 케냐의 말린디에 도착했다. 그곳에서 아라비아의 항해가 이븐 마지드의 안내를 받으며 항해를 계속하여 그해 5월 20일, 출항 10개월 만에 인도 서해안의 캘리컷에 도착했다.

이후 포르투갈은 정기적으로 인도에 무역선을 보내는 한편, 실론 등에도 상인을 보냈다. 이들을 통해 향료·보석·비단 등을 수입했고 한편으로 선교사도 보내 가톨릭 포교 활동을 전개했다.

포르투갈 상인이 인도에서 무역 거점을 확보하는 과정에서 무슬림·힌두교도와 자주 충돌했으며 학살과 약탈이 이어졌다. 인도에 책임자로 부임한 알부케르케는 1510년 고아 지역을 점령하여 이곳을 거점으로 삼아 세력 확대를 시도했다. 고아 지역은 힌두교도가 많은 곳이었지만, 당시에는 이슬람 왕국인 비자푸르가 지배하고 있었다. 유럽에서도 무슬림과 충돌하던 포르투갈은 무슬림에 대해 관대할 수 없었다. 총독 알부케르케는 이곳의 무슬림 지배자를 내쫓고 주민의 세금을 줄여줌으로써 호감을 얻었다. 이를 바탕으로 그는 이 지역의 지배권을 장악했다.

한편 알부케르케는 포르투갈인과 인도 여인의 혼인을 장려했다. 고아 지역에서는 자연스레 포르투갈인과 인도인 사이의 혼혈이 등장했다. 이를 통해 포르투갈은 인도에서 자신들의 거점을 확고히 다질 수 있었다.

하지만 포르투갈이 고아를 인도와 아시아 지역의 식민지를 경영하기 위한 거점으로 요새화하자, 식민지 이전의 마을 경제구조를 존속시키려는 고아 원주민의 바람은 송두리째 사라지고 말았다. 또한 고아에 살고 있는 모든 사람을 가톨릭 신자로 개종시키려는 포르투갈 당국의 정책은 고아인의 문화와 정체성에 엄청난 충격을 주었다. 고아의 힌두교도는 식민지 당국에 의해 도입된 정책을 수동적으로 수용만 했던 것이 아니라 여러 형태로 저항했다. 포르투갈 식민지 당국의 무력 통치에 직접적으로 대항했던 흔적은 무엇보다도 고아 힌두교도의 종교적 삶, 특히 힌두 사원의 역사에 잘 드러나고 있다.

고아는 영국이 인도를 지배하던 시기에도 계속 포르투갈의 영토로 남았으며, 심지어 1947년 인도가 독립한 이후에도 계속 포르투갈이 지배했다. 결국 1961년 인도는 무력으로 고아를 점령하여 되찾았다. 이는 1498년 바스쿠 다 가마의 인도 상륙 이후 460여 년 만의 일이었다.

아라베스크 문양의 의미와 특징

아라베스크는 식물의 줄기 등을 뜻하는 르네상스 시대 이탈리아어 아라베스코(arabesco)에서 유래했다. 아라베스크 무늬의 기원은 고대로 거슬러 올라가며 지중해적인 유산이다.

이슬람 예술가들은 자연을 일정한 양식으로 표현했다. 무한한 창조력을 가진 신으로부터 부여받은 모든 것은 그 자체의 끊임없는 흐름을 가지는데, 이슬람 예술가들은 아라베스크로 이러한 특성을 표현하고 있다. 이슬람 미술의 역사는 식물의 형상을 기하학 형상으로 변화시킨 역사이다.

무슬림은 신만이 영원하고, 다른 모든 것은 바뀔 수 있으며 덧없고 일시적이고 우연하다고 믿는다. 이슬람 신앙에 따르면 전능한 신 알라의 창조적 행위 없이는 세상에 어떠한 형태도 존재하지 않는다. 무슬림은 신의 이러한 행동은 추상적이고 객관적이며 순간순간 세상을 재창조한다고 믿는다. 신의 창조 이외에 자연을 모방하는 예술은 없다. 모방할 수 없는 신의 작업을 모방하거나 흉내 내려는 시도는 불경스러운 것으로 간주한다. 모든 창조물 위에 서 있는, 이름으로밖에 부를 수 없는, 무엇과도 닮지 않은 초월적이고 무한한 신 앞에서 인간의 자리는 더 이상 커질 수 없다고 보았다. 또한 예술에서 신을 표현하는 것 역시 지극히 한정적이다.

이슬람 미술에서 인물과 동물 문양을 금지하다보니 추상적이고 장식적인 표현이 발달했다. 이러한 미학 감각은 아라베스크에서 절정을 이룬다. 아라베스크는 자연에서 가져왔지만 너무나 단순화시켜서 그것이 무엇인지 거의 알아볼 수가 없다. 장식은 끊임없이 반복되는 비현실적인 무늬로 표현되는데, 이것은 신의 무한한 완전성에 비해 일시적이고 변하는 삶을 보여주기 위함이다. 추상적이고 장식적인 무늬는 건물 표면을 혼란스럽게 보이게 하는 효과가 있다. 장식 무늬는 매우 작은 부분들로 쪼개져 있어 무거운 건물을 가볍게 보이게 한다.

인도 무슬림은
어떻게 살고 있을까?

인도 무슬림 인구는 2017년을 기준으로 1억 7,000만 명으로 추정되며 상대적으로 북인도에 더 많은 무슬림이 살고 있다.

인도 무슬림의 정체성은 종교·혈통·지역·언어·카스트·직업 등 다양한 요소로 형성되어 있어 한마디로 정의하기는 어렵다. 이슬람이라는 종교만 같을 뿐 이들은 지역에 따라 언어와 생활양식이 다르고 종교보다는 개인의 생존과 이익에 좀 더 충실한 면을 보여준다. 무슬림 지도층은 종교적 명목 아래 단합된 무슬림 공동체의 정체성 확립을 위해 노력하고 있다. 하지만 다른 한편으로 수드라 카스트에도 속하지 못한 달리트(불가촉천민) 무슬림은 정통 무슬림의 지도를 거부하고 자신들의 권리를 주장하는 운동을 펼치는 등 분열된 모습을 보여준다.

인도에서 무슬림은 정치·문화 면에서 화려했던 중세의 역사적 배경과 소수집단 중 가장 많은 인구를 차지하고 있는데도 경제·교육 측면에서 후진 집단으로 존재한다. 미약한 정치적 영향력과 힌두 우파들의 억압과 위협 속에서 사회적으로 열등하고 불안전한 삶을 살고 있다.

이와 같은 현상의 1차 원인은 이슬람과 힌두를 기준으로 파키스탄과 인도가 분리 독립한 데서 찾을 수 있다. 분리 독립으로 인해 지도층을 비롯한 상층의 무슬림이 인도를 떠났으며 잔류한 무슬림은 사회의 힘없는 소수자로 남아 자신들의 정체성을 제대로 확립하지 못했다. 더불어 점진적으로 강해지는 힌두근본주의 세력에 밀려 사회적으로 고립되었다.

1990년대 이후로는 그나마 무슬림을 옹호해왔던 국민회의당이 무너지고 힌두 우파가 정치적으로 득세하게 됐다. 이에 따라 정치적인 탄압과 종교적 탄압으로 적대적인 차별이 심화되어 무슬림의 게토(Ghetto: 유대인이 모여 살도록 법으로 규정해놓은 거주지)화가 사회 이슈가 되는 지경에 이르렀다. 다른 나라에서도 무슬림에 대한 배척이 심화되는 현실에서 그 원인을 생각해볼 필요가 있다.

16세기 초 북인도로 진출한 바부르는 델리 술탄 왕조를 무너뜨리고 무굴 제국을 세웠다. 그의 손자인 아크바르 황제는 데칸고원을 제외한 전 인도를 통일하고, 중앙집권 체제를 확립했다. 그는 힌두교도와 무슬림를 똑같이 관료로 임명하고, 다른 종교의 신자에게 부과하던 지즈야를 폐지하는 등 관용 정책을 펼쳐 힌두교도에게도 황제로 인정을 받았다. 이에 힘입어 무굴 제국은 약 1세기 동안 번영을 누렸다. 17세기 말, 아우랑제브 황제는 남인도 대부분을 정복하여 최대 영토를 확보했지만, 지나친 정복 활동으로 재정난에 부딪혔다. 더구나 이슬람 제일주의를 내세워 각지에서 반란이 일어났다. 여기에 후계 계승 분쟁과 각지 토호의 저항과 이탈이 겹쳐져 무굴 제국은 쇠퇴의 길로 접어들었다. 인도는 점차 영국의 원료 공급지이자 상품 시장이 되었으며, 과도한 토지세로 인해 인도인의 생활은 더욱 어려워졌다. 이러한 침략과 수탈에 대한 불만은 결국 세포이의 항쟁으로 폭발했다.

제5장

무굴 제국 시대

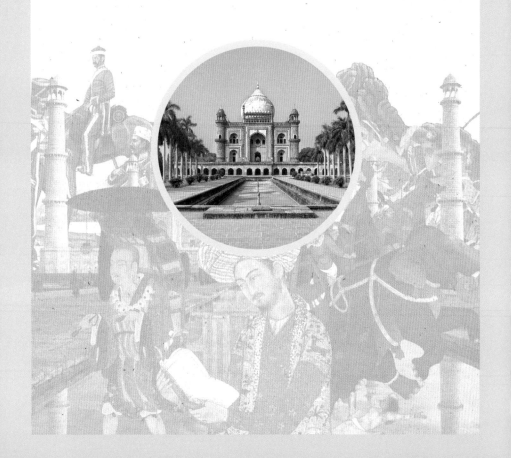

01

마지막 제국

14세기 중반에 접어들면서 몽골 제국 전역에서 혼란이 일어났다. 이러한 와중에 차가타이 칸국은 동부 초원지역을 지배하는 모굴 칸국과 서부의 트란옥시아나를 지배하는 차가타이울루스로 분열되었다. 1370년 차가타이울루스의 지배권을 장악한 티무르는 차가타이 세력권의 통일뿐 아니라 몽골 제국의 재건을 천명하고, 모굴 칸국과 현재의 이란·인도 북부·튀르크에 해당하는 지역을 차례로 침공하여 거대한 제국을 형성했다. 티무르는 칭기즈 칸이 쌓아올렸던 세계제국의 꿈을 이상으로 삼아 활발한 정복 활동을 벌였다.

세계제국을 꿈꾼 칭기즈 칸의 후예 티무르

1398년 티무르는 인도 원정을 결심하고, 델리 술탄 왕조를 격파하여 델리를 점령했다. 이후 아나톨리아 동부에서 시리아로 들어가서 다마스쿠스를 점령하고 모술을 정복했다. 1402년 중앙 아나톨리아에 진출한 티무르군은 앙카라 전투에서 바예지드 1세가 이끄는 오스만 제국의 군대를 격파하여 오스만 제국의 확대를 저지했다. 이러한 과정에서 몽골 제국의 서쪽 절반에 해당하는 곳이 티무르의 지배 아래로 들어갔고, 오스만 제국·맘루크 왕조가 명목상 티무르에게 복속하여 티무르 왕조는 대제국으로 발전했다. 티무르는 군대 지휘에 천부적인 재능을 타고난 인물이었다. 그는 공식적인 기록에 남아 있는 전투에서 단 한 차례도 패배하지 않은 것으로 유명하다. 또한 통치보다는 약탈에 초점을 맞추고 정복 전쟁을 전개했다는 특징이 있다. 그리고 칭기즈 칸이 항복하거나 투항하는 적을 살려주었던 반면, 티무르는 투항하는 적도 남김없이 죽일 만큼 잔인했다고 한다.

1404년 말 티무르는 20만 대군을 이끌고, 명나라를 격파해 원나라의 옛 땅을 탈환한다는 목표를 갖고 중국 원정을 개시했다. 그러나 원정 도중 질병으로 1405년 2월 갑작스럽게 사망했다.

티무르의 이름은 쇠(金)를 의미하는 몽골어 테무르에서 나왔으며, 이름의 뜻에 걸맞게 전투에 능했다. 하지만 티무르와 맞서는 인물들은 그를 절름발이라고 놀렸다고 한다. 이는 1941년 6월 티무르의 시신을 조사한 결과 사실로 밝혀지기도 했다.

티무르가 세운 왕조는 티무르의 개인 역량에만 의존하고 있었기 때문에 그가 죽은 이후에 큰 혼란에 빠졌다. 아부 사이드가 집권하면서 잠시 안정을 되찾았지만, 그가 사망한 후 아들 간에 권력 분쟁이 일어나 티무르 왕조는 다시 어지러워졌다. 이 틈을 타우즈베크 칸국과 사파비 왕조가 성장했다.

무굴 제국의 성립

무굴 제국의 창시자 바부르는 아부 사이드의 손자로 티무르 왕조의 상징적인 수도인 사마르칸트의 마지막 통치자였다. 그는 부계로 티무르의 5대손이면서 모계로 칭기즈 칸의 12대손이었다. 모굴 칸국의 부흥을 이룩했던 유누스칸은 그의 외할아버지이다.

바부르는 1494년 열한 살의 어린 나이에, 사고로 사망한 자신의 부친에 이어 페르가나 지방의 통치자로 등극했다. 티무르 왕조의 수도였던 사마르칸트의 통치자가 되는 것을 자신의 최우선 과제로 여겼던 바부르는 1497년과 1500년 두 차례에 걸쳐, 각각

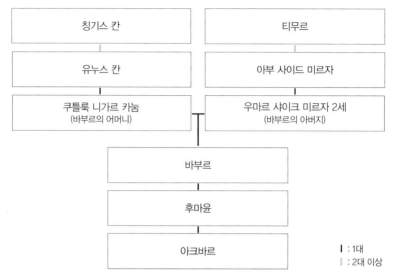

```
칭기스 칸                    티무르

유누스 칸                    아부 사이드 미르자

쿠틀룩 니가르 카눔           우마르 샤이크 미르자 2세
(바부르의 어머니)            (바부르의 아버지)

            바부르

            후마윤

            아크바르
```

▌: 1대
‖: 2대 이상

• **바부르의 가계도**

부계는 티무르, 모계는 칭기스 칸의 혈통을 이어받은 바부르는 스스로를 몽골의 후예라 생각했다.

자신의 사촌과 우즈베크 칸국의 지배 아래 있던 사마르칸트를
탈취하는 데 성공했지만, 우즈베크군의 공세에 밀려 1501년 사
마르칸트를 포기하고 모굴 칸국으로 피신해야만 했다.

1504년이 되어서야 아프가니스탄의 카불에 새로운 거점을 마
련할 수 있었던 바부르는 1511년 사파비 왕조의 군사적 지원 아
래 생애 세 번째이자 마지막으로 사마르칸트에 입성할 수 있었
다. 그러나 바부르는 이듬해 전투에서 패하여 다시 카불로 퇴각
해야만 했고, 이후 사마르칸트 수복에 대한 꿈을 포기했다. 이후

제5장 무굴 제국 시대

그는 정복의 방향을 남쪽으로 돌렸다.

1519년 이후 식량 등을 얻기 위해 여러 차례 북인도를 약탈했던 바부르는 1525년 본격적으로 인도 정복에 나섰다. 당시 북인도는 아프간족이 세운 로디 왕조의 이브라힘이 지배하고 있었다. 앞서 언급한 바와 같이 이브라힘은 귀족을 지나치게 억압하는 성격이었다. 이에 귀족들은 그를 내쫓기 위해 바부르를 불러들였다.

1526년 바부르는 델리 근교의 파니파트에서 이브라힘의 군대와 맞닥뜨렸다. 역사서마다 병력에 대한 기록에 차이는 있으나, 바부르의 군대는 1만여 명으로 이브라힘이 거느린 군대의 10분의 1에 지나지 않았다고 한다. 하지만 바부르에게는 비장의 카드가 있었으니 바로 화약 무기였다. 오스만 제국에서 들여온 당대 최신 무기인 화승총과 대포를 갖고 있었던 것이다.

바부르의 군대는 중앙의 화승총 부대를 중심으로 좌우 측면을 기병들이 보호하는 진형을 이루었다. 전투 시 바부르의 중앙군은 대포와 화승총을 이용하여 로디 왕조 군대의 공격을 격퇴했고, 좌·우익의 기병들은 화살세례를 퍼부으며 로디 왕조 군대의 후방을 공격했다. 이러한 전략을 구사한 결과 바부르는 파니파트에서 큰 승리를 거둘 수 있었다.

무굴 제국 수립에 결정적인 공헌을 세운 전투이다. 1526년 바부르와 이브라힘 군대가 델리 근교 파니파트에서 전투를 벌였다. 수적 열세에도 불구하고 화약무기를 써 바부르군이 대승을 거두었다.

이후 바부르는 북인도의 토착세력을 정복한 끝에 서(西)로는 칸다하르에서 동(東)으로는 벵골 지역에 이르는 나라를 수립했다. 바부르는 스스로를 몽골의 후예라고 생각했기에 나라 이름을 '무굴(몽골을 의미하는 페르시아어의 변형)'이라 했다.

바부르는 무굴 제국을 수립하자마자 인도의 아그라와 중앙아시아의 카불을 잇는 운송망 건설을 시작했다. 몽골 제국의 역참을 연상시키는 무굴 제국의 운송망은 약 72킬로미터마다 여섯 마리의 말, 운송병과 마부용 보급품, 말의 사료를 비치해두는 거점의 연결망이다. 그는 자신의 숙적인 우즈베크 칸국과도 관계를 개선했다. 샤이바니에 이어 우즈베크 칸이 된 퀴츠퀸치 칸이 사신을 파견하자, 바부르는 이들을 동맹국인 사파비 왕조의 사신 못지않게 환대했다. 그러고는 자신도 우즈베크 칸국에 사신을 파견했다.

1530년 바부르가 사망하자 그의 장남 후마윤이 무굴 제국의 통치권을 물려받았다. 그러나 후마윤은 무굴 제국을 분할 통치하던 형제들의 충성을 확보하는 데 실패했다. 1540년에는 인도 동부를 지배하던 아프간족의 공세에 밀려 휘하 세력을 이끌고 사파비 왕조로 피신해야 했다. 이후 후마윤과 무굴 제국의 건국 세력은 10년이 넘게, 선친 바부르의 거점이었던 카불에서 피신 생활을 했다. 이 기간 중 후마윤은 우즈베크 칸국의 발흐 지방을 침공했으나, 내분과 우즈베크군의 반격 때문에 퇴각할 수밖에 없었다. 후마윤은 1555년이 되어서야 사파비 왕조의 지원을 받아 내분에 빠져 있던 아프간족을 다시 몰아내고 북인도를 재정복할 수 있었다. 그러나 후마윤은 인도로 돌아온 지 얼마 지나지 않아 사망했고, 그의 아들 아크바르가 1556년 왕위를 이었다.

02

포용하는 아크바르, 탄압하는 아우랑제브

무굴 제국은 아크바르 집권기에 강대국으로 거듭났다. 아크바르의 치세에 무굴 제국은 분권적인 정치 구조를 지닌 유목 국가의 틀에서 벗어나 강력한 중앙집권적 제국으로 발전하게 되었다. 아크바르는 제국의 통치기반을 강화시키기 위해 재정·조세제도를 정비하는 동시에 이후 무굴 제국 행정의 근간을 이루게 되는 만사브다리 제도를 도입했다. 만사브다리 제도는 무굴 제국의 관리를 33등급으로 세분화한 관료제이다. 황제에 의해 서열이 결정된 관리들은 일정 수의 병력을 지휘하는 군사 지휘관들로, 각 지역에 파견되어 군사와 행정 업무를 담당했다. 이들은 몽골 제국 군대의 지휘관들과 마찬가지로 일정 단위의 병력을 지휘했다. 만사브다리 제도는 몽골 제국의 천호제(千戶制)에 기원을 둔 것으로 보인다.

아크바르의 융합 정책

아크바르는 군사원정을 통해서 델리 주변 지역만을 통치하던 무굴 왕조의 영역을 크게 확장시켰다. 그는 1568년 인도 북서부의 라자스탄 지역을 정복한 뒤, 당시 미정복지로 남아 있던 인도의 이슬람 왕국에 대한 원정에 나섰다. 이리하여 1573년에는 서아시아와 상품 거래를 해 번영하던 무역항을 거느린 구라자트 지역이, 1576년에는 아프간족이 지배하던 인도 동부의 벵골 지역이 무굴 제국에 합병되었다. 1586년과 1595년 사이에는 인도 북부 카슈미르와 칸다하르, 서부의 신드 지역이 추가로 정복되었다.

이러한 성공적인 정복활동을 펼쳤던 아크바르 역시 무굴 군주들의 숙원이었던 사마르칸트 수복에 대한 희망을 마음속에 간직하고 있었다. 그러나 그는 강력한 압둘라 칸이 지배하는 중앙아시아로 진출하는 것을 포기하고 대신 사파비 왕조와 우즈베크 칸국 사이에서 중립노선을 취하며 외교 입지를 강화했다. 적대관계에 놓여 있던 사파비 왕조와 우즈베크칸 국은 무굴 제국을 자국 편으로 끌어들이려고 했으나, 아크바르는 이러한 상황을 이용하여 사파비 왕조에 빼앗겼던 칸다하르를 탈환하였다. 한편 트란스옥시아나의 수복을 포기한 아크바르는 압둘라 칸과 서신과 선물을 주고받으며 친선관계를 유지했다. 그러면서 압둘라 칸의 부친 이스칸다르에 대한 조문 사절을 파견하기도 했다.

아크바르는 소수의 무굴 지배계층을 통해 제국을 통치하고자 인도의 대부분을 차지한 힌두교도에 대한 포용 정책을 실시했다. 이들을 행정·군사 부문에 대거 등용했고, 혼인을 통해 라지푸트 세력과 동맹관계를 맺었다. 그는 또한 자신의 종주권을 인정하는 많은 토착 왕조에게 자치권을 인정했다. 아크바르의 융합 정책은 그가 라지푸트와 결혼한 사실에서도 잘 드러난다.

아크바르는 평등과 분권적 정치권력 구조를 선호하는 중앙아시아 유목민 출신의 튀르크·몽골인 귀족층을 견제하고 왕권을 강화하기 위해, 사파비 왕조의 귀족층과 라지푸트를 권력의 상층부에 편입시켰다. 또한 시아파의 종교박해를 피해 이란으로부터 이주해온 많은 수의 수니파 학자와 예술가를 받아들였다.

아크바르는 자신의 정권을 안정시키기 위한 방법으로 융합 정책 또는 탈이슬람 정책을 시행했지만, 이는 그의 개인 성장 배경과도 관련이 깊다. 아크바르의 성장기에 영향을 주었던 인물들은 개방적이고 보편적인 진리를 강조하는 성향이 강했다.

이슬람교는 창시자인 무함마드의 사촌이자 사위인 제4대 칼리프(이슬람교의 지도자) 알리와, 그 후손만을 무함마드의 정통 후계자로 여기는 시아파와 알리뿐 아니라 그에 앞선 세 명의 칼리프를 모두 인정하는 수니파로 나뉜다. 그의 아버지 후마윤은 수니파였으나, 어머니는 시아파였다. 그의 정치적 조언자인 바이람 칸 역시 시아파였다. 또한 아크바르의 뛰어난 스승 가운데 한 사람이었던 압둘 라티프 역시 사상적인 면에서 무척 자유로웠다. 그리하여 아크바르는 어려서부터 끊임없이 종교를 주제로 토론을 하며, 어느 한 종교 또는 종파에 치우치지 않는 태도를 갖게 되었다.

아크바르의 종교적 관용 정책은 원나라의 종교 동화 정책을 모방한 조치였다. 이를 통해 정치 안정과 군사력 강화를 이룩했다. 그는 이슬람으로 개종하는 자에 대한 강력한 유인책을 실시했다. 이슬람으로 개종하는 자에 대해 무슬림 궁전을 자유로이 출입할 수 있도록 허용했으며, 정치적으로 무슬림과 동등하게 대우했다. 1564년에는 비무슬림에게 부과되었던 인두세 지즈야도 폐지했다. 이는 아크바르 집권기에 많은 힌두교 신자가 이슬람으로 개종하는 결과로 이어졌다.

종교적 관용의 계승과 단절

1605년 아크바르가 사망하자, 그의 아들 살림이 자한기르라는 이름으로 왕위에 올랐다. 자한기르는 군사·정치적 소양이 다소 부족한 인물로 평가되지만, 종교 문제에 대해서는 상당히 민첩하게 대처했다. 정통파 무슬림은 그가 아크바르의 종교적 관용 정책을 그대로 유지하자 분노했다.

하지만 그는 종교적 관용 정책과 함께 이슬람 유화 정책을 추진하며 무슬림 지배계층의 불만을 잠재웠다. 무슬림 지배계층에게 영토를 분할하고, 외국과 벌이는 무역도 장려했다. 이로 인해 그는 종교적으로도 정치적으로도 무굴 제국의 안정을 유지했으며, 문화·예술 분야에 많은 관심을 기울일 수 있었다.

한편 자한기르 시기에는 최초로 영국 상인이 무굴 제국에 도착했다. 1613년 이들은 자한기르로부터 주요 무역 항구였던 수라트에 무역회사를 설립하는 허가권을 따냈으며, 본격적으로 홍차 산업에 뛰어들었다.

하지만 자한기르는 자신보다 일찍 사망한 두 형과 마찬가지로 술과 아편 중독자였다. 자한기르의 건강이 날로 악화되자, 그의 아내인 누르자한이 권력을 장악하기 시작했다. 그녀는 제국의 법령에 서명할 뿐만 아니라 심지어 자신의 이름을 넣은 동전을 주조하여 권력을 과시하였다.

무굴 제국에서는 큰아들이라고 해서 자동적으로 왕위를 이어받을 수 없었다. 전투에서 큰 공을 세우고 권력 투쟁에서 승리한 왕자가 왕위를 차지했다. 이로 인해 황제의 자식들은 계속해서 대립하는 모습을 보였다. 자한기르에게는 네 명의 아들이 있었는데, 그 가운데서 셋째 쿠르람이 가장 용맹하고 리더십이 뛰어났다. 이에 위기를 느낀 자한기르의 맏아들 쿠스라우는 데칸에서 군대를 일으켰다. 쿠르람은 쿠스라우의 군대를 진압하고, 1627년 자한기르가 사망한 후 샤자한이라는 이름으로 1628년 황제의 자리에 올랐다.

샤자한은 화려한 궁전과 장엄한 건축물로 기억되는 인물이다. 샤자한은 10대 중반부터 원정에 참가하여 군사적 능력을 기른 동시에, 요새를 지으면서 건축에 탁월한 재능을 나타냈다. 그는 아그라에 아름다운 무덤 타지마할을 지은 것으로 유명하다. 하지만 타지마할의 건축으로 무굴 제국은 경제적인 어려움을 겪기 시작했다. 샤자한은 데칸을 점령하고 영토를 확장시켰지만, 건축에 대한 광적인 열정으로 제국의 재정을 극도로 악화시킨 것이다. 이는 결국 무거운 세금 징수와 관리의 부패, 서민의 고통을 가져왔고, 마침내 제국의 쇠퇴로 이어졌다.

샤자한은 아크바르 이후 지속된 종교적 관용 정책을 포기하고 친이슬람 정책으로 방향을 선회했다. 그리하여 그는 건축 중인 힌두교 사원을 파괴하고, 이슬람 율법을 철저히 준수하라고 명령함으로써 종교 갈등을 유발했다.

샤자한은 자신의 큰아들 다라 쉬코흐가 왕위를 이어받길 원했다. 다라 쉬코흐는 힌두교에 대해 절충적인 입장을 취했으며, 종교 융합을 긍정적으로 평가했다. 그는 『우파니샤드』와 『리그 베다』 경전을 페르시아어로 번역했으며, 이슬람의 수피 사상도 인정했다. 이로 인해 그는 보수주의 이슬람 신학자로부터 이슬람을 배반한 자로 낙인찍혔다. 그렇다고 그가 이슬람을 부정한 것은 아니었다. 다만 힌두교에 깊은 관심을 갖고 종교 대립을 해소하려 노력한 것이다.

샤자한은 자신의 후계자로 큰아들 이외의 다른 아들은 전혀 고려하지 않았다. 이에 대해 구자라트 지역을 통치하던 막내아들 무라드 등이 반발했다. 이러한 상황에서 샤자한의 아들 가운데 가장 활동적이고 전투 경험이 풍부한 셋째 아우랑제브는 정권을 잡을 적절한 시기를 계산하고 있었다.

아우랑제브, 종교 분열의 시작과 제국의 쇠퇴

아우랑제브(재위: 1659~1707)는 겨우 열여섯 살의 나이에 군대를 이끌고 라지푸트의 반란을 진압할 만큼 대담하고 군대 지휘에 소질을 보인 인물이다. 샤자한은 그의 능력을 높이 인정하여 데칸 지역의 부왕(副王)으로 임명했다. 이후 아우랑제브는 지금의 아프가니스탄 지방인 칸다하르를 공략하여 공훈을 세웠다. 아우랑제브는 군사적인 경험이 풍부한 사령관이었으며, 강한 욕망의 소유자였고, 아주 꼼꼼한 성격을 갖고 있었다. 그는 자신이 한 번 말한 것은 반드시 지키는 철두철미한 성격이었다. 뿐만 아니라 술과 환각제 등을 지나치게 좋아했던 자신의 형제와 달리 절제된 생활을 한 것으로 유명하다. 이를 바탕으로 그는 인도 남부로까지 영향력을 확대하며 강력한 통치자로 부상했다.

1657년 샤자한이 심각한 병환으로 쓰러졌다는 소식이 전해지자 형제 간에 권력 투쟁이 벌어졌다. 샤자한은 맏아들 다라 쉬코흐가 권력을 이어받길 원했지만, 맏아들은 아우랑제브의 적수가 되지 못했다. 아우랑제브는 1658년 세 형제와 그들의 지지자를 제거하고 황제에 올랐다. 그는 자신의 부친인 샤자한이 다른 아들을 지지했다는 이유로 그를 타지마할이 보이는 줌나(야무나)강변의 아그라성에 가두었다. 결국 샤자한은 이곳에서 1666년 숨

- 아우랑제브

샤자한과 뭄타즈 마할의 셋째 아들로 태어나 무굴 제국의 제6대 황제에 올랐다.

을 거두었다.

새로운 통치자로 등극한 아우랑제브는 이전의 통치자들이 보인 종교적 관용에 대해 매우 부정적인 입장을 취했다. 그의 집권기에 무굴 제국은 경제 사정이 악화된데다 사치와 낭비로 인해 무거운 세금 징수, 관리의 부패, 행정력 마비 등 총체적인 위기를 맞고 있었다. 그는 이러한 위기를 타개하기 위한 방책을 종교에서 찾았다.

아우랑제브는 수니파 이슬람의 보수주의 입장을 선호했으며,

제5장 무굴 제국 시대

이를 바탕으로 제국의 기강을 재확립하려 했다. 전통 이슬람을 신봉했던 그는 힌두교를 중심으로 다른 종교 신자에 대해 매우 배타적인 입장을 취했다. 그 결과 무굴 제국에서는 심각한 종교 갈등 상황이 전개되었다. 그는 힌두교 신자에게 이슬람교의 규율뿐 아니라 개종까지 강요했으며, 많은 힌두교 사원을 파괴했다.

아우랑제브의 종교 탄압은 많은 힌두교 가문의 이슬람 개종으로 이어지기도 했지만, 더 큰 반란을 일으키는 계기가 되었다. 지금의 마하라슈트라 지방의 마라타족은 군왕 시바지를 중심으로 뭉쳐서 무굴 제국에 대항했다. 시바지는 데칸 지역에서 마라타 호족들을 연합하여 마라타 왕조를 창건했다. 1680년 시바지가 사망한 이후에도 그의 마라타 왕조는 무굴 제국에 대항하여 끈질기게 저항했다. 아우랑제브는 말년까지 마라타의 요새를 공략하는 데 노력을 기울였으나 성과를 거두지 못했다.

시크교도는 펀자브 지방을 중심으로 무굴 제국에 저항했다. 1675년 시크교의 구루인 테그 바하두르가 아우랑제브에 의해 처형당함으로써 본격적인 전쟁이 시작되었다. 후계 구루들은 아우랑제브의 나머지 치세 동안 저항을 이어나갔다.

아우랑제브가 취한 가장 치명적인 조치는 1679년 인두세를 부활시킨 것이었다. 그는 지금까지 세금을 면제받았던 귀족과 라지푸트 왕자들을 포함한 모든 비무슬림에게 세금을 부과하기 시작했다. 이와 동시에 마르와르의 라지푸트 왕국의 수도 조드푸르에 무굴 행정기관을 설치했다. 이는 무굴 제국이 라지푸트 왕국의 행적에 대해 간섭하고 통제하겠다는 의미였다. 이전까지 제국과 가장 가까운 속국이었던 라지푸트 왕국의 부족들은 격분했다. 이에 극히 일부를 제외하고 거의 모든 부족이 아우랑제브에 반기를 들었다. 1680~1681년 사이에 벌어진 라지푸트 전쟁은 무굴 제국 군대에 치명적인 상처를 안겨주고 말았다.

무굴 제국은 계속되는 정복 전쟁으로 경제 상황이 악화되고 내부 분란이 심화되어 내부 붕괴 위기에 처했지만, 역설적으로 제국의 영토 확장은 이 시기에 최고조에 달했다. 아우랑제브는 제국에 저항하는 마라타 왕국으로부터 완전한 승리를 쟁취하지 못했으며, 데칸고원에서는 여전히 전쟁이 계속되었다. 이로 인해 무굴 제국은 국가 경제력과 군사력을 거의 소진하여 국운의 쇠퇴기를 맞이하게 되었다.

아우랑제브는 1707년 여든아홉 살의 나이로 데칸고원에서 사망했지만 데칸이나 인도의 정치 상황은 안정되지 못했다. 그는 데칸고원을 정복하기 위해 제국의 모든 에너지를 투입하여 15년 동안 전쟁을 치렀다. 이로 인해 인도 북부 본거지를 오랫동안 비우는 실수를 범했다.

  인도 북부의 라지푸트 힌두교 왕국과 시크교 세력은 무굴 제국에 대한 저항을 끈질기게 이어나갔다. 이로 인해 아우랑제브는 무굴 제국을 불안정한 상태에 빠뜨린 채 사망한 것으로 평가된다. 종교 탄압을 중심으로 일어난 분란은 아우랑제브의 죽음 이후에도 끝나지 않은 채 무굴 제국을 점차 쇠퇴의 길로 접어들게 했다.

Made in Mugul, 이슬람 예술의 명품이 되다

무굴 시대에 그려진 그림은 보통 세밀화(細密畵)라고 부른다. 서양화의 상당수가 전지(全紙)보다 큰 종이에 그려진 반면, 무굴 시대의 그림은 일부 삽화 등을 제외하고는 대부분 A4용지 크기 내외의 종이에 그려졌다. 서양에서는 이를 작은 그림, 즉 미니어처라 불렀다. 다람쥐 꼬리털처럼 부드럽고 섬세한 털로 붓을 만들어 작은 공간을 아주 세세하고 밀도 있게 표현했다.

세밀화의 시대

인도에서 세밀화가 본격적으로 제작되기 시작한 16세기 이전에도 인도 고유의 회화 전통은 있었다. 멀리로는 불교 석굴로 유명한 아잔타 벽화를 비롯해, 8~13세기 벵골과 비하르 지역에 존재한 팔라·세나 왕국 시대에 종려나무 잎에 그린 금강승 위주의 불화, 10~13세기 구자라트 지역을 중심으로 유행한 자이나교 경전의 사본 전통이 있다. 자이나교 교주 마하비라의 이야기를 모은 『칼파수트라』가 대표적이다. 한편 다양한 음식 조리법을 소개하여 기쁜 책이란 뜻을 가진 『니마트나마』의 몇몇 삽화에서는 이미 무슬림 회화의 화풍이 발견되기도 한다.

후마윤이 영입한 당대 최고의 화가 미르 사이드 알리와 압두스 사마드는 무굴 제국 세밀화 발전에 기초를 마련했다. 이들에게 그림을 배운 후마윤의 아들 아크바르는 왕위에 오른 이후 알리와 사마드를 필두로 궁정에 공방을 개설하고 본격적인 무굴 세밀화 시대를 연다. 아크바르는 이들에게 먼저 『함자나마』『투티 나마』와 같은 이슬람 영웅담이나 우화집 등을 그림으로 그리게 했다.

통치 중·후반이 되면 삽화집의 주제는 『바부르나마』『아크바르나마』와 같이 통치자의 전기를 중심으로 한 역사서로 바뀐다. 『라마야나』『마하바라타』와 같은 힌두교 신화를 페르시아어로 번역해 그림으로 그리게 했다.

・『칼파수트라』의 삽화

『칼파수트라』는 자이나교 경전 중 하나로, 기원전 6세기~기원전 2세기의 생활상을 보여주는 자료이다.

왕의 명령에 따라 많은 그림을 정해진 시간 안에 그려야 했기 때문에 대개 효율성과 편리성을 높일 수 있는 공동 작업으로 진행됐다. 즉 스케치하는 사람, 색칠하는 사람, 초상화만 전문으로 그리는 사람, 인물의 외곽선만 그리는 사람, 삽화 옆에 글씨만 전문으로 쓰는 사람 등으로 세분화되었다.

무굴 세밀화는 철저히 세속적이었다. 이슬람교를 전파하기 위한 도구로는 사용되지 않았다. 무슬림 통치 계급이 피통치자인 힌두를 처형하거나 힌두 사원을 파괴하는 모습, 힌두교에 대한

• **『투티나마』의 삽화**
『투티나마』는 왼쪽에 보이는 앵무새가 오른쪽에 앉은 자신의 주인에게 52일간 들려주는 이야기로 구성되어 있다.

이슬람의 우위를 강조하는 묘사는 없었다. 두 장인의 지휘 아래 공방이 유지된 까닭에 무굴 초기의 그림은 페르시아와 중앙아시아 화풍을 보였다. 그러나 실제로 그림을 그린 화가 상당수가 인도 화풍에 익숙해진 힌두인이라 인도 고유의 화풍을 보이는 그림이 공존했다.

아크바르의 아들 자한기르 시대가 되면 무굴 세밀화는 점차 세련미를 더해가다. 붓놀림은 훨씬 정교해지고 부드러워지며 색상도 가벼워진다. 자한기르 시대 그림들은 서양의 화풍에서 큰 영향을 받았다. 선교사들이 전파한 크리스트교를 주제로 한 성화(聖畵)나 서양의 왕들이 권력을 상징하는 지구본을 들고 있는 그림은 자한기르 시대 궁중 화가가 자주 모방하던 주제들이다. 이 시기에는 개별 인물의 초상화가 많이 제작되었으며, 여러 그림을 묶어서 앨범으로 간행한 무랏카가 등장했다.

샤자한 시대 세밀화는 어느 정도 완성기에 접어들어 그림이 대부분 생동감이 넘치고 화려하지만 다소 차가운 느낌을 준다. 궁궐 테라스나 정원 등지에서 어울리는 장면, 샤자한의 궁중 생활을 묘사한 그림으로 유명하다. 엄격한 이슬람주의자로 유명한 아우랑제브 황제 시대에는 궁중에 있던 많은 화가가 살길을 찾아 히말라야의 소왕국이나 주변 라자스탄 인근 힌두 왕국으로 거처를 옮겨 후원자를 구하기에 이른다. 이로 인해 아우랑제브 시대에 접어들면서 무굴 제국의 세밀화는 쇠퇴하는 모습을 보인다.

다양한 양식이 접목된 무굴 제국의 건축

인도에 종교의 자유를 허락하라는 바부르의 유언을 시작으로 그의 아들 후마윤은 어느 정도 유화 정책을 펼쳤다. 이러한 흐름은 아크바르 시대가 되면 절정에 이른다. 아크바르의 관용 또는 절충주의 정신은 어느 하나에 치우치지 않고 많은 지식과 종교를 섭렵해 하나의 진리를 얻어내고자 했던 아크바르 자신의 성

- **지구본을 들고 있는 자한기르와 예수(위)**
  숙연한 모습의 예수를 아래쪽에 배치하여 자한기르의 권위를 더욱 강하게 묘사했다.
- **무랏카(아래)**
  접이식 앨범에 여러 통치자의 모습을 그렸다.

격에서 연유하든지, 아니면 그가 처한 당시의 정치 상황에 기인한 것일 수도 있다. 분명한 것은 아크바르 시대가 되면 힌두와 이슬람 문명이 초기 접촉의 충격만큼이나 커다란 파장으로 모든 분야에 걸쳐 상호작용이 일어났다는 사실이다. 건축 역시 예외가 아니었다. 대표적으로 시칸드라에 있는 아크바르의 무덤과 파테흐푸르 시크리의 건물 등을 들 수 있다.

아크바르의 무덤은 이슬람 건축의 특징 가운데 하나인 돔이 없다. 이 무덤은 위로 올라갈수록 크기가 줄어드는 피라미드 모

• **뭄타즈 마할과 샤자한**
뭄타즈 마할은 샤자한의 사랑스런 아내였을 뿐만 아니라 믿을 만한 조언자였다. 특히 그녀는 샤자한이 많은 시인과 학자, 가난한 이를 돕는 정책을 수립하는 데 큰 영향을 주었다.

양의 5층 구조물이다.

이렇게 특이한 무덤 형태의 기원에 대해서는 여전히 의견이 분분한 실정이다. 인도 무슬림 무덤의 경우 무덤을 만들 때 지상과 지하에 두 개의 관을 안치한다. 대개 지하의 묘가 진짜이고 지상의 묘는 가짜인데, 아크바르의 묘 역시 마찬가지이다. 진짜 묘로 통하는 입구로 들어서면 여러 가지 화려한 그림이 그려진 베란다가 나오고, 그 베란다 북쪽으로 길고 좁은 복도가 나 있다. 좁은 복도로 들어오는 빛을 제외하면 다른 출구나 창이 없기 때문에 방 안은 거의 암흑에 가깝다. 이는 힌두 사원의 구조 가운데 신상이 모셔져 있는 성스러운 장소의 구조와 거의 유사하다.

아크바르의 무덤의 높은 기단 역시 인도 고유 건축의 영향을 느낄 수 있는 좋은 사례이다. 이곳은 다른 이슬람 무덤에 비해 높고 건장한 느낌의 아치가 있는 기단이 조성되어 있다. 힌두교에서는 성스러운 세계를 속세의 세계와 분리시키기 위하여 기단을 높게 만들었으며, 일정수의 계단을 만들었다. 아크바르의 무덤에서 보이는 높은 기단도 이러한 영향 아래에서 만들어졌다. 이러한 양식은 이후 무굴 제국 황제의 무덤에도 그대로 계승되었다.

아크바르가 아그라에서 천도한 파테푸르 시크리에서도 종래의 이슬람 양식과 다른 힌두 양식의 모습을 발견할 수 있다. 아크

• **아크바르의 무덤**
자한기르는 아버지 아크바르가 생전에 착공했다가 마무리하지 못한 이 무덤의 건설을 이어받았다. 하지만 계승한 데 그치지 않고 새롭게 디자인하여 현재의 모습으로 완공했다.

바르가 아들을 얻을 수 있도록 축복해준 수피 성인 셰이크 살림 치스티에게 감사하기 위해 이곳으로 천도했다는 이야기가 전해지기도 한다.

파테푸르 시크리에서 보이는 이슬람과 힌두 양식의 혼재는 아크바르의 종교 관용 정책을 반영하고 있다. 여기에는 쐐기돌을 사용하여 아치를 만드는 기존의 이슬람 양식과는 달리 쐐기돌을 일절 사용하지 않고 조성된 아치 구조물이 눈에 띈다. 대부분의 건물이 이슬람의 일반적인 모습과 달리 천장이 둥글지 않고 평

면인 것도 힌두의 영향을 보여주는 대표적인 사례이다.

파테푸르 시크리는 물이 부족한 곳이었기에 천도한 지 14년
만에 아크바르는 다시 아그라로 수도를 옮겼다. 이후 사람의 발
길이 닿지 않은 채 오랜 시간이 흘렀기 때문에 건축물들이 당시
의 모습을 고스란히 간직하고 있다. 이곳은 인도에서 무굴 제국
건축물이 가장 잘 보존되어 있는 장소로 유명하다.

델리 술탄 시대에 시작된 인도 이슬람 건축은 타지마할에 이
르러 절정을 맞는다. 타지마할은 샤자한이 부인 뭄타즈 마할이

- **파테푸르 시크리의 정문**
  '승리의 문(Buland Darwaza)'이라 불리는 이 문은 전 세계에서 가장 높은 성문으로 알려져 있다. 높이가 무려 54미터에 달한다.

사망한 지 1년 후인 1632년부터 본격적으로 짓기 시작했다. 뭄타즈 마할은 '궁전의 고귀한 사람'이라는 뜻으로 샤자한이 지어 주었다고 한다. 샤자한은 출정할 때도 뭄타즈 마할과 대동할 정도로 그녀에게 깊은 애정을 갖고 있었다. 하지만 뭄타즈 마할이 열네 번째 아이를 낳다가 사망하자 샤자한은 그녀를 위해 세계에서 가장 아름다운 무덤을 만들어주겠다고 결심했다. 그리하여 샤자한은 자신이 거주하던 아그라성에서 보이는 동남쪽 야무나 강변에 터를 잡고 코란에 묘사된 천국의 모습을 지상에 그대로

• **파테푸르 시크리의 평면 천장 구조**
  일반적인 이슬람 건축과 달리 천장이 편평한 모습이다.

구현하려 했다.

지형이 허락하는 한 인도 내 모든 무슬림 무덤은 북향이다(반면 인도 내 모든 무슬림 사원은 메카의 방향인 서쪽을 향한다). 정문은 대개 남쪽에 위치하는데 타지마할도 예외는 아니다. 무굴 사람들에게 무덤은 죽은 자를 묻는 장소가 아닌 『쿠란』에 명시된 천국이 지상에 그대로 구현된 곳을 의미한다.

정문과 무덤이 위치한 건물 사이에는 '차르박'이라는 정원이 자리한다. 정사각형의 면적을 밭전(田) 자 모양으로 정확히 4등분해 열십(十) 자 사이에 수로를 만들어놓은 구조이다. 이는 천국에 흐르는 네 개의 강물을 뜻하는데, 무슬림은 자신들의 천국에 꿀·물·우유·와인, 이렇게 네 종류의 강물이 흐른다고 믿고 있다.

타지마할 건물 그 자체는 인도의 힌두 요소와 이란·중앙아시아의 건축 문화가 합쳐진 인도 이슬람 건축물의 결정체이다. 마감재를 대리석으로 사용해 순백미를 더했고, 중간중간에 검은 대리석과 여러 가지 색의 석재를 써서 대비를 주었다. 건물의 단순한 비율은 오히려 뛰어난 대칭과 조화를 만들어냈다.

이와 더불어 1620년 무렵 자한기르 통치 당시 예수회 선교사들이 유럽에서 가지고 온 판화 속 식물의 모양을 얕은 돋을새김으로 조각해 대리석 외벽을 장식했다. 상감 기법으로 하얀 대리석 건물에 형형색색의 돌들을 장식해 아름다운 대비효과를 이끌어내기도 했다. 그뿐만 아니라 건물 중간중간에 놓인 넓은 대리석 패널에 벌집 또는 기하학 문양으로 구멍을 내어 건물 안으로 빛이 쏟아져 들어오도록 설계했다.

샤자한은 애초 타지마할과 마주 보는 야무나강 건너편에 검은 대리석으로 자신의 묘를 짓고, 구름다리로 연결하려 했다는 이야기가 전해진다. 야무나강 건너편에서 건물의 기단을 조성한 흔적이 발견되기도 했지만 진위 여부는 확실치 않다. 샤자한은

• **타지마할**
매일 2만여 명의 노동자가 20년 넘게 지은 건물로, 무굴 제국뿐만 아니라 세계에서 가장 아름다운 건물 가운데 하나로 여겨진다.

타지마할이 완공된 후 10년 뒤인 1658년 자신의 아들 아우랑제 브의 반란으로 왕위를 박탈당하고 아그라성의 무삼만 버즈에 갇혀 말년을 보냈다. 아우랑제브가 다른 곳도 아닌, 타지마할이 보이는 탑에 자신의 아버지를 가둔 것을 보면, 그도 어머니에 대한 아버지의 사랑에는 감동한 것이 아닐까.

04

벵골에 펄럭이는 영국 깃발

"인도는 영국 제국주의 왕관에서 가장 찬란하게 빛난 보석이었다"는 말이 있듯이 '해가 지지 않는 나라'로 불린 제국주의 영국의 그늘 아래에는 인도가 있었다. 18~19세기 영국의 발전은 인도에 대한 착취를 바탕으로 했다 해도 과언이 아니다. 인도에 대한 약탈로 축적된 재화는 영국 산업자본주의의 발전을 가능하게 했다. 19세기에 인도는 영국 제조업자를 위한 상품시장이 되었다. 서구 열강이 잉여자본 투자에 의한 본격적인 제국주의 시대에 접어들기 전에 인도는 이미 영국의 원료공급지와 상품시장으로 전락한 것이다.

인도, 해가 지지 않는 나라 영국의 젖줄

영국은 인도를 약 200년 동안 지배했으나, 그 전반기는 엄격히 말하면 동인도회사의 지배 기간이었다. 동인도회사는 비교적 평화로운 1세기 반 동안의 무역활동을 거친 후 인도에서 지배 세력으로 부상했다. 영국이 인도에서 가장 무차별적인 수탈 행위를 한 것도 동인도회사가 벵골 지방에 지배권을 확립해나간 18세기 중엽이었다.

영국 동인도회사는 1600년 일단의 런던 상인들이 동인도 무역을 독점한다는 「특허장」을 엘리자베스 여왕으로부터 얻어낸 것을 시작으로 등장했다. 여기서 동인도란 인도뿐만 아니라 동양 전체를 의미했다.

영국의 동양무역은 처음부터 국가가 계획하여 추진한 것이 아니고 주식회사의 활동으로 시작된 것이다. 거의 같은 시기에 출현한 네덜란드와 프랑스의 동인도회사가 처음부터 철저하게 국가 주도로 활동했던 것과 대조적이다.

프랑스 동인도회사의 활동은 반세기 후에 본격적으로 시작되지만 네덜란드의 동인도회사는 매우 공격적이었으며 자본금이 영국 동인도회사보다 열 배나 많았다. 네덜란드와 프랑스의 동인도회사는 영국 동인도회사와는 달리 평화조약을 체결하고 전쟁할 수 있는 권리를 갖고 있었으며, 국가의 예속기관으로서 정부가 회사의 고위직을 직접 임명했다.

순수한 주식회사인 영국 동인도회사가 훗날 두 나라의 동인도회사를 제압하고 인도의 지배권을 장악하게 된 것은 흥미로운 일이다. 영국 동인도회사의 출현은 상업자본주의의 발달과 관련이 있다. 상업자본을 가진 회사들이 추구했던 전형적인 목표는 동양 물산에 대한 독점적 교역을 확보함으로써 이득을 얻는 것이었다. 이들의 목표는 영국 제조업체를 위한 시장을 탐색하는 것이 아니라 인도를 비롯한 동양 여러 나라 상품에 대한 원활한 공급을 확보함으로써 영국과 유럽의 시장을 연결하여 높은 이익을 얻는 것이었다.

그렇지만 영국 왕실이 동인도회사를 지원한 데에는 몇 가지 의도가 있었음을 부인할 수 없다. 왕실은 수·출입을 통한 국가 이익의 추구라는 일반적인 이유 이외에도 조선 산업의 발전과 더불어 상인들이 해군의 역할을 대신해주길 기대했다. 또한 왕실이 필요할 때 동인도회사로부터 돈을 빌려 쓸 수 있다는 것도 염두에 두었다.

영국 동인도회사가 처음 관심을 가졌던 곳은 인도 본토가 아닌 말루쿠 군도였다. 말루쿠 군도는 향료 군도라고 불릴 만큼 향료가 많이 생산되는 지역으로 인도네시아 북동쪽의 작은 섬들을 말한다. 인도 항로를 발견한 바스쿠 다 가마가 험한 길을 뚫고 싣고 돌아간 향료로 60배의 이익을 남긴 후, 유럽인은 향료를 얻는 데 혈안이 되어 있었다.

영국 동인도회사의 관심지역은 당연히 말루쿠 군도였지만 이곳에는 이미 포르투갈에 뒤이어 네덜란드의 지배권이 확립되어 있었다. 더욱이 영국 동인도회사의 상선 몇 척이 네덜란드에 붙잡혀 상당수의 인명 피해를 본 후로는 어쩔 수 없이 인도 본토로 발길을 돌릴 수밖에 없었다. 지도상에 표시하기도 어려운 조그만 섬들이 모인 말루쿠 군도보다 영국의 20배나 되는 인도 대륙을 지배하게 된 사실을 생각한다면 이는 오히려 영국에게 전화위복이 되었다.

인도 본토와 무역을 개시했을 때 영국 상인들은 향료·설탕·면직물 등을 구입해 갔지만 곧 면직물의 비중이 가장 커졌다. 주로 캘리컷을 통해 수출되어 '캘리코(Calico)'라 불린 인도산 면직물의 인기는 상상을 초월했다. 캘리코는 모직에 비해 염색에도 유리하여 다양한 색상과 무늬를 표현할 수 있었다. 영국의 상류층을 중심으로 캘리코는 옷감으로 사용되기 시작했으며 유럽 섬유산업에 큰 변화를 가져왔다. 캘리코 수입으로 인해 자국 모직

산업에 심각한 타격을 입은 영국의회에서는 캘리코 사용금지 법안을 논의할 정도였다.

상황이 이러했기에 동인도회사가 부역을 시작한 후 영국의 금괴 유출은 심각한 수준이었다. 영국은 인도의 면직물·향료 등과 교환할 수 있는 적절한 상품을 갖지 못했으므로 금괴로 사갈 수밖에 없었다. 처음 20년 동안 동인도회사의 인도에 대한 총 수출액 84만 376파운드 가운데 29만 2,286파운드만 상품이었고 나머지는 금괴였다. 금괴의 대량 유출은 영국의 동인도 무역에 심각한 문제를 불러일으켰다. 당시 한 국가가 보유한 금의 양은 곧 국가의 경제력과 동일시되었기 때문이다.

이에 영국에서는 한때 동인도 무역이 불필요하며 오히려 영국 경제에 피해를 준다는 주장이 강하게 대두하기도 했다. 그러나 금은을 얻을 수 있는 길은 대외무역에서 찾을 수밖에 없다는 중상주의 이론가의 주장과 항해조례(1651)와 같은 크롬웰의 해상활동 장려 정책에 힘입어 영국의 동인도 무역은 지속되었다.

플라시 전투와 영국 산업혁명

영국이 인도를 지배한 약 200년 중 가장 철저하고 무차별적인 수탈이 일어난 시기는 동인도회사가 뱅골 지방을 장악한 시점이었다. 영국의 통치가 인도에 헤아릴 수 없는 은총을 주었다고 묘사한 학자들마저도 이 시대에 대해서는 한마디 변명을 못할 정도이다.

영국 동인도회사는 무굴 제국이 인가해준 수라트에 이어 봄베이(현재 뭄바이), 마드라스(현재 첸나이), 캘커타(현재 콜카타) 등 세 곳의 상관(商館)을 중심으로 교역활동을 추진해나갔다. 그 가운데 벵골 지방의 중심 도시인 캘커타는 거대한 무역 규모만큼이나 유럽 여러 나라의 동인도회사가 격렬하게 경쟁을 벌인 곳이었다. 영국 동인도회사는 안정적인 무역 거점을 확보하기 위해 캘커타 북쪽에 윌리엄성을 건설하고 대포까지 설치했다. 이는 당연히 벵골 지방의 지배자와 갈등을 야기했다.

나와브(부왕)라 불린 벵골의 지배자는 본래 무굴 제국에서 임명했으나, 무굴 제국이 쇠락함에 따라 1740년대부터 독자적인 지배자로 행세했다. 1756년 벵골의 새로운 지배자가 된 시라즈 웃 다울라는 영국 동인도회사가 캘커타에 성을 짓고 군사력을 증강하는 것을 자신에 대한 도전이라 간주했다.

시라즈는 1756년 6월 영국이 캘커타에 지은 성을 공격하여 승리를 거두었다. 이에 영국 동인도회사는 로버트 클라이브를 사령관으로 한 군대를 파견하여 시라즈의 군대를 몰아내고 캘커타를 되찾았다. 인도의 무역을 두고 영국과 가장 격렬히 대립하던 프랑스는 이 틈을 놓치지 않았다. 프랑스는 시라즈를 지원하여 영국을 벵골 지역에서 내쫓으려 했다.

시라즈의 군대는 클라이브가 거느린 군대와 비교가 되지 않을 정도로 많았으며, 신식 무기도 갖추고 있었다. 클라이브는 정면으로 맞붙을 경우 도저히 승산이 없다는 사실을 누구보다 잘 알고 있었다. 그래서 그는 시라즈의 부하인 미르 자파르 장군 등을 매수하는 방법을 택했다. 클라이브의 염려와 다르게 이 방법은 성과를 거두어 1757년 6월 플라시 전투에서 영국 동인도회사는 승리를 거두었다. 영국과 무역을 통해 돈을 버는 데 익숙해진 벵골의 인도인 귀족과 상인도 영국을 지지하는 형편이었기에 플라시 전투는 전투라고 부르기도 부끄러울 만큼 몇 시간 만에 영국 군대의 승리로 끝이 났다.

이로써 인도의 벵골(오늘의 방글라데시까지 포함)과 비하르, 그리고 오리사 일부 지방은 영국 동인도회사의 수중에 들어갔다. 시라즈를 후원했던 프랑스 측은 인도에서 영향력을 잃고 말았다. 이 사건은 영국이 지금껏 유지해왔던 조용한 인도 무역에서 벗어나, 이익을 위해 원주민과 실력으로 대결하겠다는 적극적인 인도 경영으로 나아가는 계기가 되었다. 또한 영국이 벵골 지방뿐만 아니라 전 인도를 지배하는 계기가 되었다.

플라시 전투를 승리로 이끌었던 클라이브는 사실상 벵골 지역의 지배자가 되었다. 플라시 전투 이후 10여 년 동안 동인도회사의 참혹한 수탈이 자행되었다. 이에 힘입어 영국은 산업자본주의를 위한 자본을 축적할 수 있었다. 플라시 전투 이전의 영국은 여전히 농업 국가였으며 모직물 산업이 발달하고 있었을 뿐이었다. 산업자본주의 단계로 도약하기 위해서는 당시 영국의 경제 수준보다는 더 큰 규모의 자본축적이 요구되고 있었다. 플라시 전투에서 거둔 승리는 영국에게 이러한 자본축적의 길을 열어주었던 것이다. 이와 관련하여 미국의 경제학자인 브룩스 애덤스는 다음과 같은 말을 통해 인도에서 유입된 자본이 영국 산업혁명을 촉진시키는 결정적인 계기가 되었다고 강조했다.

인도의 재화가 유입되어 영국의 현금자본에 크게 도움을 줌으로써 영국의 주식에 크게 활기를 불어넣었을 뿐만 아니라 산업 활동에 탄력성과 속도감을 부여했다. 플라시 전투 직후에 벵골의 약탈물은 런던에 도달하기 시작했으며, 그 효과는 즉각적으로 나타났다. 인도의 재화가 유입되고 그에 뒤따른 금융신용의 확대가 이루어지기 전에는 산업혁명의 목표를 추진하기 위한 충분한 어떤 힘도 존재하지 않았으며, 만약 제임스 와트가 반세기 전에 살았다면 그와 그의 발명품은 이름도 없이 사라지고 말았을 것이다.

오늘날에도 플라시 전투 이후에 영국의 인도 착취가 영국 경제에 어느 정도 영향을 미쳤는지는 중요한 연구 주제 가운데 하나이다. 그만큼 플라시 전투는 전투의 모습은 제대로 갖추지 못했지만, 그것이 가져다주는 의미는 매우 거대하다고 볼 수 있다.

05

세포이, 영국에 총을 겨누다

영국 동인도회사가 벵골을 장악한 지 10여 년 후인 1769~1770년에 이곳에는 역사상 경험하지 못했던 기근이 엄습했다. 벵골 주민의 3분의 1에 해당하는 1,000만 명이 굶어죽거나 병사한 것이다. 인도에는 가끔 흉년으로 인해 다수의 사람이 굶어 죽는 경우가 있었지만, 이처럼 많은 사람이 죽는 경우는 처음이었다.

기근의 직접 원인은 가뭄이었지만 동인도회사의 무차별적인 수탈로 인한 벵골 주민의 만성적인 빈곤이 기근을 더욱 악화시켰다. 수탈로 인해 모아놓은 것 없이 빈곤에 허덕이던 벵골 주민은 기근이 덮쳤을 때 인근 지방에서 곡물을 사올 수도 없어 속수

무책으로 죽어갈 수밖에 없었다.

이러한 참상에서도 동인도회사는 구호 대책을 강구하기는커녕 오히려 외지에서 곡물을 사다가 고가로 팔아 이익을 챙기고 있었다. 그렇다고 동인도회사 자체가 돈을 번 것도 아니었다. 직원들이 회사 돈을 빼돌려 자신의 주머니만 불렸기 때문에, 회사의 전체 수입은 나날이 줄어 파산지경에 몰렸다.

동인도회사의 재정적인 위기와 벵골지방의 대기근에 충격을 받은 영국 정부와 의회는 동인도회사와 인도 문제를 진지하게 논의하기 시작했다. 이들은 세 가지 방안을 염두에 두었다.

첫째는 동인도회사는 주식회사이므로 그 활동을 그대로 두는 것, 둘째는 회사가 지배하고 있는 벵골을 영국 정부가 직접 장악하고 직원을 국왕이 임명한 관리로 바꾸는 것, 셋째는 세부 활동은 동인도회사에 위임하지만, 주요한 정책에는 영국 정부와 의회가 간섭하는 것 등이 었다.

동인도회사의 위기와 원주민의 참상을 생각할 때 회사를 그대로 방치하는 것은 사실상 불가능했다. 하지만 동시에 영국 정부는 벵골을 식민지로 직접 통치하는 것에 부담을 느끼고 있었다. 그리하여 영국은 세 번째 방안을 채택했다.

영국 의회는 1773년 인도 통치에 대한 '규제법(Regulating Act)'

을 통과시켰다. 이 법은 영국 의회가 동인도회사를 규제하기 위해 제정한 최초의 법으로, 이에 따라 다음 해부터 인도에 영국 정부가 파견한 총독이 부임했다. 1784년에는 '피트법(Pitt's India Act)'을 통해 동인도회사는 무역과 상업만 맡고, 영국이 얻은 지역에서 일어난 정치 문제는 영국 정부가 조직한 '통제위원회(Board of Control)'가 담당하도록 했다. 또한 피트법을 통해 영국은 본국에 인도 문제를 담당하는 전문적인 행정 관청인 '인도부(Department of India Affairs)'를 두었다.

한편 인도에 부임한 총독은 프랑스 나폴레옹의 팽창 정책에 힘입어 프랑스가 다시 인도에 발판을 마련하려는 조짐을 보이자 이를 차단하는 동시에 인도에서 영국의 세력을 넓혀나갔다. 인도의 토착세력은 영국의 동의 없이는 어느 국가와도 협상할 수 없다고 못박고 평화를 유지한다는 구실 아래 영국군을 주둔시켰다.

성난 세포이의 무굴 제국 부활 선언

영국 동인도회사와 정부는 자신들의 부족한 군사력을 보완하기 위해 인도 현지에서 군인을 모집했는데, 많은 인도인이 여기에 자원했다. 이 용병들은 처음엔 현지인 용병을 뜻하는 '피언', 인도 무슬림을 낮추어 부르던 '젠투' 등으로 불렸으나 19세기 무렵에 이르러 모두 '세포이'로 불리게 되었다. 세포이는 병사를 뜻하는 페르시아어 '세퍼히'에서 유래한 말이라고 한다. 세포이는 영국 동인도회사의 병력 가운데 90퍼센트 이상을 차지할 정도로 그 수가 많았다.

자기 나라를 침략하는 영국 군대에 자원하는 인도인이 이렇게나 많았으며, 영국은 이들을 믿고 군대를 꾸려나갔다고 하니 이상하다고 느낄 수 있다. 하지만 인도는 오늘날에도 수백 개의 언어가 사용될 만큼 다양한 인종과 문화로 구성된 나라이다. 현재도 스스로를 인도의 국민이라 생각하는 사람보다, 자신이 살고 있는 지역 또는 자신이 소속된 사회의 일원이라고 생각하는 사람이 더 많다. 당시에는 무굴 제국이 이름만 존재하는 상태였기 때문에, 이러한 풍조는 더욱 심했을 것이다.

이들은 당시 존재한 어떤 일자리보다도 높은 급여와 대우를 보장한 영국 동인도회사와 영국 정부를 위해 열심히 일했다. 세포이는 영국이 인도의 지배권을 둘러싸고 프랑스를 비롯한 유럽의 열강과 전쟁을 벌일 때 가장 앞에 서서 '총알받이' 역할을 했다. 세포이는 영국이 인도에 대한 독점적 지배를 확보하는 데 크게 이바지한 것이다.

하지만 1800년대로 접어들면서 세포이의 불만이 커지기 시작

- **세포이**
  영국 육군의 유니폼을 입은 세포이의 모습이다.

했다. 벵골의 세포이 가운데는 상층 카스트 출신이 많았기 때문에 자신의 카스트 규정과 군대의 규정이 맞지 않을 때 카스트 규정을 앞세워 영국인 지휘관과 갈등을 빚는 경우가 많았다. 또한 세포이 중 일부는 자신이 거주하는 땅을 벗어나 다른 지역 또는 나라의 땅을 밟으면 카스트를 상실한다는 생각에 해외 출정을 거부하기도 했다. 또한 세포이가 아무리 열심히 싸워 공을 세운다 해도 승진에 일정한 한계가 있었기에 이에 대한 민원도 계속 제기되었다. 이러한 와중에 세포이가 집단적으로 영국인에게 총을 들이대고 저항하는 일이 일어났다.

당시 세포이를 비롯한 군인이 사용하던 총에 사용된 총알은 화약과 분리된 형태였다. 즉 총의 앞부분인 총구에 화약과 총알을 넣은 후 방아쇠랑 연결된 노끈(화승) 끝에 불을 붙인 후 화약에 점화시키는 과정을 통해 총알을 발사하는 방식이었다. 그런데 화약의 양이 너무 많으면 총알이 발사되는 순간에 반동이 심해 총을 든 군인이 쓰러지거나 군인의 얼굴 등에 불꽃이 튀어 다칠 위험이 컸다. 반대로 화약의 양이 적으면 총알이 제대로 날아가지 못했다.

그래서 영국은 1853년형 엔필드 머스킷이라는 구식 소총을 세포이에게 보급하면서 아예 총알과 총알에 필요한 적당한 양의 화약을 함께 포장하여 지급했다. 화약은 습기에 약했기 때문에 돼지기름과 소기름을 먹인 종이로 포장지를 만들었다.

군인들은 빠른 장전을 위해 대개 한 손에 총을 든 채 주로 다른 한 손으로 총알과 화약을 싼 포장지를 입으로 찢었다. 문제는 대부분의 세포이가 힌두교 또는 이슬람교 신자였다는 사실이다. 힌두교도는 소고기를, 무슬림는 돼지고기를 먹지 않는다. 자신이 먹지 않는 고기의 기름을 먹인 종이에 줄곧 입을 댔다는 사실을 알게 된 세포이들은 크게 반발했다. 돼지와 소의 기름을 입에 댔다는 사실은 이들에게 엄청난 모욕으로 다가왔다. 영국이 세

총알과 화약을
함께 포장한 모습

화약 가루

총알

• **세포이 항쟁이 일어날 무렵의 소총 장전 모습**
세포이는 적당량의 화약과 총알이 함께 포장된 카트리지를 입으로 찢은 후, 화약과 총알을 차례대로 총구에 밀어 넣었다.

포이를 크리스트교로 강제 개종하기 위해 이러한 일을 벌였다는 소문도 나돌았다. 실제 1857년 초부터 각 군대에 크리스트교 선교사가 파견되었기에 이러한 소문은 더욱 빠르게 퍼져나갔다.

1857년 1월부터 영국은 본격적으로 새로운 카트리지를 지급하려 했으나, 대다수의 세포이는 위와 같은 이유를 들어 수령을 거부했다. 카트리지 수령과 사용을 강요하는 영국의 강압적인 태도에 맞선 물리적인 충돌이 각 부대에서 일어나기 시작했다. 결국 1857년 4월 말, 미루트에 주둔하고 있던 세포이 병사들이 영국인 지휘관에게 크게 따지는 사건이 발생했다. 하지만 이들은 족쇄가 채워져 감옥에 갇히는 꼴이 되었다. 이에 세포이들은 격분하여 1857년 5월 10일, 영국 장교들을 공격하고 델리로 진군했다.

델리에서는 성안의 시민들이 성문을 열고 이들을 맞이했다. 봉기에 참여한 세포이들은 바하두르 샤 2세를 무굴 황제로 세우고 무굴 제국의 부활을 안팎에 선언했다. "힌두와 무슬림이 단합하여 영국을 몰아내자"는 구호를 외치며 반영 항쟁을 외쳤다.

그러나 반영 항쟁은 일정한 체계를 갖추지 못했기 때문에 점차 그 동력이 약해졌다. '인도 최초의 독립 전쟁'이라 불릴 만큼 대규모의 반영 항쟁이었지만, 항쟁에 참여한 인도인의 생각은 제각각이었다. 세포이 항쟁이 발생한 이후 인도는 이를 지지하는 지역과 이를 반대하며 영국을 지지하는 지역으로 분열되었다. 영국은 이를 틈타 무굴 제국에게 반감을 갖고 있던 시크교도 등의 지원을 받아 세포이 항쟁의 진압에 나섰다. 그리하여 1858년 중순, 영국은 세포이를 비롯한 반영 투쟁 세력을 대부분 진압했다.

이후 영국은 동인도회사를 폐지하고 빅토리아 여왕이 인도를 직접 지배한다고 선포했다. 무굴 제국의 바하두르 샤 2세는 폐위되고 영국 여왕이 인도 황제를 겸하는 인도 제국이 성립함으로써 인도는 영국의 완전한 식민지가 되었다.

캘리코가 미친 영향

영국에서 캘리코의 인기가 높아질수록 양모를 중심으로 한 영국의 섬유산업은 큰 타격을 받았다. 섬유공장 노동자들이 길거리로 몰려나와 캘리코로 옷을 해 입은 여성을 공격할 정도였다. 결국 영국 정부는 자국의 섬유 산업을 보호를 위해 캘리코 사용을 금지하는 법안을 여러 차례 제정했다. 하지만 이미 캘리코의 매력에 빠진 영국인을 막기엔 역부족이었다.

영국 전역에서 캘리코에 대한 수요가 엄청났기에 인간의 노동력으로는 이를 따라갈 수가 없었다. 그리하여 기계로 실을 뽑고(방적), 천을 짜는(방직) 방법을 모색하기 시작하여 영국에서는 산업혁명의 기초가 형성되었다. 방적기와 방직기가 날로 개량되는 과정에서 더 많은 면화가 필요해진 영국은 인도에 대한 수탈을 강화했다. 아울러 영국은 인도에서 면직물 직조 행위를 금지

• **물레를 돌려 실을 뽑는 간디**
  영국이 인도에서의 직조 행위를 금지시키고 강력한 처벌 규정을 시행하자, 간디는 이에 대한 반발로 물레를 돌려 실을 뽑았다.

하고 영국산 면직물에 대한 수입 관세를 낮추어 인도인을 영국산 면제품 소비자로 만들었다. 결국 인도의 면직물 산업은 완전히 붕괴되고, 인도는 세계 최대의 면제품 생산국에서 수입국으로 전락했다.

영국에서 면직물 공업화가 급속도로 진행되자 인도산 면화가 모자라게 되었다. 영국 자본가들은 미국에 면화 농장을 만들기 시작했다. 그리고 노동력이 부족해지자 농장주들은 아프리카에서 흑인을 노예로 끌고 왔다.

인도 사회에서 소가 갖는 의미는 무엇일까?

세포이 항쟁의 직접적인 원인이 소기름에 있을 정도로 힌두교도는 소를 신성하게 여긴다. 인도의 번화가라 할지라도 어디서나 한가롭게 누워 있는 소를 볼 수 있다. 약 13억 명의 인구 중 10억 명이 힌두교를 믿는 인도에서는 소가 법적인 보호를 받는다.

그렇다면 힌두교도는 왜 소를 숭배하게 되었을까? 특히 암소 숭배는 인도 이외의 지역에서도 발견되지만, 인도만큼 소가 숭배되는 곳은 찾기 어렵다. 그렇기 때문에 농경 사회의 특성만으로는 이를 명확히 설명할 수 없다.

사상적으로 인도의 소 숭배 의식은 불교에서 기인한다. 불교가 그 세력을 확장하기 전까지 인도에서 소고기는 제사 의식과 손님 접대에 일상적으로 사용되었다. 후기 베다 시대에 손님을 '고그나(goghna: 소를 죽이는 자)'라 부른 사실에서도 이를 확인할 수 있다.

초기 불교 경전인『수타니파타』등을 살펴보면 부처가 얼마나 소 보호를 강조했는지 쉽게 알 수 있다. 부처는 소를 부모 형제와 동일하게 여겼으며, 소가 사람의 질병을 치료하고 행운을 주는 존재라 가르쳤다. 소 보호를 중심으로 하는 부처의 불살생 사상은 브라만교의 제사주의를 반대하는 것으로 사회적으로 큰 반향을 불러일으켰다. 이는 브라만의 권위를 흔들었으며, 일반인이 소를 이용하여 재산을 축적하는 계기를 마련해주었다. 불교의 불살생 사상은 윤회 사상과 접목되면서 당시 인도 사회에 큰 영향을 미쳤다. 이는 불교 승려와 경쟁관계에 있던 브라만이 불살생을 하나의 실천적 다르마로 채택하는 결과를 가져왔다.

오늘날 힌두교에서는 암소를 여신이자 어머니 같은 존재로 여긴다. 암소는 신성한 힘을 가진 존재이며, 악을 쫓고 행운을 불러온다고 믿는다. 그래서 소가 늙어 더 이상 일을 못 하거나 우유를 만들어내지 못해도 죽이지 않는다. 오히려 늙은 어머니를 대하듯 편하게 지내도록 돕는다. 인도 정부는 병들거나 늙은 소를 돌보기 위해 소의 안식처라 할 수 있는 '가우샬라스'를 운영하고 있는데, 그 운영에 연간 1,000억 원을 쏟아붓고 있다 하니 소 사랑의 각별함을 짐작할 수 있다.

하지만 인도에서 모든 소가 신성시되는 것은 아니다. 신성시하는 소는 재래종인 '보스 인디쿠스(Bos indicus)'종이다. 이 종은 암수 모두 힌두교 신과 연관이 깊다. 시바 신전 입구에 수소를 탄 시바의 초상이 걸려 있고, 크리슈나(자비의 신)는 암소의 보호자로 그려져 있다. 이런 이유로 암소로부터 나오는 모든 부산물을 신성하다고 여긴다. 우유나 버터는 물론 소의 소변과 대변도 정화 능력이 있다고 생각한다. 크리슈나 신을 기념하는 축제에서 사제들은 소 떼가 지나가는 동안 무릎을 꿇고 있다가 소가 배설한 똥을 이마에 바르고 축복을 기원하기도 한다. 소똥마저 귀한 대접을 받는 것이다.

물소는 재래종 소와 달리 오히려 사육당하다가 도살돼 외국으로 수출되고 있다. 인도인은 물소를 '죽음의 신 야마가 타고 다니는 동물'로 간주하기 때문이다. 사육되는 물소는 5,000만 마리에 달하는데, 이로 인해 인도는 아이로니컬하게도 세계 최대의 소고기 수출국가로 불리기도 한다.

힌두교도의 표를 의식한 인도 정치인은 소에 대한 정책을 정권 유지의 수단으로 활용하기도 한다. 그래서 소에 대한 인도 정부의 정책 탐구는 중요한 의미를 갖는다.

인류의 고향 인도의 현재와 미래

2016년 12월, 경제 전문지 『포브스』에 따르면 인도는 국내 총생산이(GDP) 2조 3,000억 달러(약 2,767조 원)를 기록해 2조 2,900억 달러(약 2,755조 원)를 기록한 영국을 제치고 세계 5대 경제 대국에 올랐습니다. 세계은행 등 주요 경제 기관은 조만간 인도가 우리나라를 제치고 세계 최대의 IT대국으로 부상할 것이라는 예상까지 내놓았습니다.

인도 정부는 중국을 뛰어넘어 '세계의 공장'으로 자리 잡기 위해 꾸준히 노력했습니다. 그 효과는 이미 눈에 드러나기 시작하여 'Made in India' 제품은 크게 증가하고 있습니다. 세계 최대

인구대국인 중국의 인구 구조가 급속하게 변하는 상황도 인도에게 유리한 형국입니다. 중국의 총 인구는 2015년 말 현재 13억 7,462만 명(중국 국가통계국 통계 기준)으로 여전히 세계 1위를 기록하고 있지만, 저출산·고령화가 가속화되면서 인구 구조가 크게 달라지고 있습니다. 생산 가능 인구(15~64세 인구)가 2014년을 정점으로 감소세로 전환되었고, 이러한 추세는 장기간 지속될 전망입니다.

중국은 2000년에 65세 이상 인구가 7퍼센트를 상회하는 고령화 사회(aging society)로 진입했고, 2015년에는 65세 이상 인구가 10퍼센트를 넘어섰습니다. 유엔의 연구에 따르면 2022년, 인도의 총인구는 중국을 추월한다고 합니다. 2028년이 되면 중국의 총인구가 정점을 기록한 후 2029년부터 감소세로 전환될 전망입니다. 반면 인도는 6억 5,000만이라는 세계 최고의 경제 활동 인구를 자랑하는 나라입니다. 이러한 흐름에 맞추어 인도에 진출하는 우리나라 기업과 투자 규모도 큰 폭으로 증가하고 있습니다.

한편 인도의 문화는 세계 경제에서 인도의 위치가 확고해지기 이전부터 세계인에게 영향을 미쳐왔습니다. 자본주의의 공세에 지친 서구 사회는 그 눈길을 동양으로 되돌리기 시작했고, 인도는 감춰진 자신의 본래 모습을 서서히 세상에 드러냈습니다.

일례로 서구 문화의 새로운 탈출구를 원했던 젊은이에게서 시작된 히피 문화 속에서 비틀스는 인도의 초월명상을 접하게 됩니다. 이후 비틀스의 음악을 통해 서구 사회는 직간접적으로 인도에 대해 흥미를 갖게 되었고, 특히 요가의 세계화라는 새로운 열풍이 일어났습니다.

힌두교 사원도 서구 사회에 많이 진출해 있으며 최근에는 티베트의 불교 문화까지 세력을 뻗치면서 그 영향이 할리우드의 영화산업을 비롯한 많은 문화 부분에 스며들어 '합리성'과 '과학성'에 갇혀버린 서구인들의 또 다른 정신적 안식처가 되고 있습니다.

인도의 전통 사상을 빌려 말하자면 인도의 세계화는 우주의 순환 흐름에서 당연히 이어지는 귀결입니다. 다시 말해 인도가 인류의 정신과 문화의 출발점이면서 종착점이기 때문에 모든 혼란과 어려움의 시기에 인도를 찾는 것은 마치 집을 떠난 인간이 방황하다 고향으로 되돌아오는 것과 같은 것입니다. 되돌아 온 이들은 고향에서 힘을 얻어 언젠가는 다시 집 밖으로 나갈지도 모르지만, 이것은 우주가 생성-유지-소멸을 거치는 것처럼 지극히 당연한 과정이라고 인도인은 믿고 있습니다.

하지만 이러한 인도인의 자부심에도 불구하고 오늘날의 인도는 도리어 서구 자본주의를 중심으로 한 세계화를 향해 나아가는 모습을 보입니다. 실제로 현재 인도는 영화나 외식 산업 등 문화 전반에 거쳐 가파른 서구화의 길을 가고 있습니다. 실례로 이전까지의 인도 영화는 인도적인 소재와 방식을 고수하면서 그들만의 특징을 강하게 드러냈습니다. 하지만 21세기 이후 점차 인도의 색깔을 잃어버리면서 때로는 언어만 힌디어인 할리우드 영화를 보고 있는 듯한 착각을 불러일으킵니다.

뿐만 아니라 그들의 전통복장이 사라지고 대표적 음료인 짜이가 커피로 대체되고 있는 현실은 가끔씩 우리에게 충격으로 다가옵니다. 이러한 서구로의 전환은 특히 젊은층을 중심으로 급속하게 번져나가면서 인도 내의 사회문제를 불러일으키기도 합니다. 영어 능력이 새로운 사회 계층을 창출하는 현실도 이와 무관하지 않습니다. 인도 국민의 약 30퍼센트에 해당하는 4억 가까운 인구가 영어를 사용할 수 있는데, 이 숫자는 곧 승용차를 살 수 있는 소득 수준이 되는 사람을 의미할 정도입니다.

하지만 크게 걱정할 필요가 없다는 생각이 듭니다. 전통적으로 인도에 들어온 외래 문화는 인도화를 통해 다른 형태의 독창적인 인도 문화를 형성해왔기 때문입니다. 오늘날 인도의 세계화 아니 서구화는 또 다른 인도화를 위한 여정일 것입니다. 우

리는 그 여정이 우리가 익히 알고 있는 인도화가 될지, 아니면
전혀 다른 서구화가 될지 정확히 모릅니다. 하지만 그것이 어떤
형태가 되든 역사에서는 또 나른 인도화의 모습으로 정의될 것
입니다.

2018년 4월

최현우

맺음말

참고문헌

1. 국내서적

강신주 외,『동양의 고전을 읽는다』, 휴머니스트, 2006.

곽철환,『불교의 모든 것』, 행성B, 2014.

국립문화재연구소,『쿠샨왕조와 불교: 우즈베키스탄』, 2013.

권기철,『젊은 인도』, 살림, 2016.

권오민,『인도철학과 불교, 민족사』, 2006.

김형종 외,『고등학교 세계사』, 금성출판사, 2017.

김형준,『이야기 인도사』, 청아출판사, 2017.

류경희,『인도신화의 계보』, 살림, 2003.

박금표,『인도사 108 장면』, 민족사, 2007.

서민수,『시크교』, 시공사, 2001.

서울대학교 역사연구소,『역사용어사전』, 서울대학교출판문화원, 2015.

안병우 외,『고등학교 동아시아사』, 천재교육, 2014.

안소정,『배낭에서 꺼낸 수학』, 휴머니스트, 2011.

윤장섭,『인도의 건축』, 서울대학교출판부, 2002.

이거룡,『이거룡의 인도사원순례』, 한길사, 2003.

이거룡,『전륜성왕 아쇼까』, 도피안사, 2009.

이병인 외,『고등학교 동아시아사』, 비상교육, 2018.

이옥순,『인도는 힘이 세다』, 창비, 2013.

이옥순,『인도현대사』, 창비, 2007.

이재숙,『인도의 경전들』, 살림, 2007.

이주형,『동아시아 구법승과 인도의 불교 유적』, 사회평론, 2009.

이주형,『간다라 미술』, 사계절, 2015.

정병조,『인도사』, 대한교과서, 2005.

정수일,『실크로드 사전』, 창비, 2013.

정순일,『인도불교사상사』, 운주사, 2005.

조길태,『영국의 인도 통치 정책』, 민음사, 2004.

조길태,『인도사』, 민음사, 2000.

조승연,『인도에서 만나는 종교와 문화』, 민속원, 2005.

천득염,『인도 불탑의 의미와 형식』, 심미안, 2013.

2. 번역서적

가메야마 이쿠오, 임희선 옮김,『절대지식 세계문학』, 이다미디어, 2015.

라다크리슈난, 이거룡 옮김,『인도철학사 I~IV』, 한길사, 1996.

로울랜드, 벤자민, 이주형 옮김,『인도 미술사』, 예경, 1999.

스튜어트, 이언, 『교양인을 위한 수학사 강의』, 반니, 2016.

아리아노스, 박우정 옮김, 『알렉산드로스 원정기』, 글항아리, 2017.

앙크틸, 자크, 최내경 옮김, 『목화의 역사』, 가람기획, 2007.

오다니 나카오, 민혜홍 옮김, 『대월지』, 아이필드, 2008.

월퍼트, 스탠리, 이창식 옮김, 『인디아 그 역사와 문화』, 가람기획, 1999.

츠카모토 게이쇼, 호진·정수 옮김, 『아쇼까왕 비문』, 불교시대사, 2008.

프레스턴, 다이애나·프레스턴, 마이클, 안수철 옮김, 『시간의 뺨에 맺힌 눈물 한 방울(타지마할과 무굴제국 이야기)』, 탐구사, 2016.

3. 외국서적

Boesche, Roger, *The first great Political Realist: Kautilya and his Arthashastra*, Lexington Books, 2002.

Hultzsch, *Inscriptions of Asoka new edition*, Clarendon Press, 1925.

Jackson, Peter, *The Delhi Sultanate: A Political and Military History*, Cambridge University Press, 2003.

Mittal, Sushil, Thursby, Gene Eds., *The Hindu World*, Routledge, 2004.

Richards, J.F, *The Mughal empire*, University of Cambridge Press, 1993.

Singh, Rajesh, *An Introduction to the Ajanta Caves: With Examples of Six Caves*, Hari Books, 2014.

Stein, Burton, *The New Cambridge History of India: Vijayanagara*, Cambridge University Press, 1989.

William Fitchett, *Retribution: The Story of the Sepoy Mutiny*, Fireship Press, 2009.

4. 논문 · 학술지

강경선, 「1858-1919년 사이의 인도정부법에 관한 연구」, 『남아시아연구』 19-2, 2013.

강성학, 「인도 외교정책의 현실주의 전통과 실천과정에 관한 연구: 카우틸리아(Kautilya)의 정치철학을 중심으로」, 고려대학교 박사학위논문, 2015.

강희정, 「6-7세기 동남아 힌두 미술―인도 힌두미술의 전파와 초기의 변용―」, 『동남아시아연구』 20-3, 2010.

공만식, 「하르샤 왕과 대승불교의 관계에 관한 고찰」, 『한국선학』 19, 2008.

김경학·이광수, 「소복합(cow complex)을 통한 인도 사회·문화의 이해」, 『국제지역연구』 5-3, 1996.

김영애, 「태국인의 생활과 힌두의식」, 『한국태국학회논총』 7, 1998.

김준오, 「인도 초기 Stupa 형식 연구: Relief Stupa 분석을 중심으로」, 전남대학교 박사학위논문, 2012.

김형준, 「인도가 만들고 세계가 즐긴다: 인도의 세계화, 세계의 인도화」,

『CHINDIA Plus』68, 2012.

박금표, 「불교와 인도 고대국가 성립에 관한 연구―기원전 6세기에서 기원전 2세기를 중심으로―」, 숙명여자대학교 박사학위논문, 1994.

박금표, 「시크교와 민족주의 1」, 『인도연구』 8-1, 2003.

박금표, 「아쇼카 왕의 다르마(Dharma)에 관한 연구」, 『인도연구』 4, 1999.

박정석, 「인도 고아(Goa)의 힌두 사원과 문화적 정체성에 관하여」, 『남아시아연구』 12-1, 2006.

서병진, 「아쇼까(Asoka, 아육) 왕의 복지사상 연구: 금석문을 중심으로」, 동국대학교 박사학위논문, 2006.

양승윤, 「인도의 동방정책과 동남아시아」, 『CHINDIA Plus』 25, 2008.

연호탁, 「월지 서천이 소그디아나 사회에 미친 영향」, 명지대학교 박사학위논문, 2016.

유근자, 「간다라 불전 도상의 연구」, 동국대학교 박사학위논문, 2006.

이광수·김경학·백좌흠, 「인도의 근대 사회 변화와 카스트 성격의 전환」, 『인도연구 3』, 1998.

이은구, 「동남아시아의 '인도화'(Indianization)에 대한 고찰」, 『인도연구』 2, 1997.

이은구, 「인도문화의 해외전파: 캄보디아에서의 힌두교」, 『남아시아연구』 5, 2000.

이은구, 「카스트 제도의 특성과 이의 변동성 고찰」, 『국제지역연구』 1-3, 1997.

이은주, 「수피즘의 힌두화 과정과 인도무슬림들의 종교사상적 딜레마」, 『남아시아연구』 15-2, 2009.

이주엽, 「16세기 중앙아시아 신흥국가들의 몽골제국 계승성 연구」, 단국대학교 석사학위논문. 2003.

이춘호, 「아크바르(Akbar): 그의 탈이슬람적 정책에 대한 성격 분석」, 『인도철학』 26, 2009.

이춘호, 「무갈 건축에서 보이는 탈이슬람적 요소」, 『남아시아연구』 15-1, 2009.

이춘호, 「무굴시대 세밀화, 페르시아·중앙아·인도의 국제 화풍이 공존하는 작은 세계」, 『CHINDIA Plus』 94, 2014.

이춘호, 「시공을 초월한 찬란한 무덤 인도 이슬람 건축의 결정체, 타지마할」, 『CHINDIA Plus』 88, 2014.

이춘호, 「왕권 강화도구로써의 시각 예술」, 『남아시아연구』 22-2, 2016.

이춘호, 「이슬람과 힌두교의 충돌과 조화, 다양성 속의 통일 보여주는 델리 술타나트 건축」, 『CHINDIA Plus』 93, 2014.

임근동, 「『라마야나Rāmāyaṇa』의 인물연구 라마Rāma를 중심으로」, 『외국문학연구』 63, 2016.

임근동, 「『라마야나』와 『마하바라타』의 문헌비교」, 『남아시아연구』 18-1, 2012.

전성욱, 「『라마야나』의 신화적 상상력과 서사구조」, 『석당논총』 66, 2016.

정철호, 「중국 인구절벽의 충격」, 『CHINDIA Plus』 122, 2017.

조길태, 「영국의 인도에 대한 수탈정책」, 『성곡논총』 30-3, 1999.

조길태, 「인도와 영국 동인도회사 1」, 『CHINDIA Plus』 38, 2009.

조길태, 「인도와 영국 동인도회사 2」, 『CHINDIA Plus』 39, 2009.

조길태, 「인도와 영국 동인도회사 3」, 『CHINDIA Plus』 40, 2009.

조흥국, 「동남아시아 문화와 사회의 형성」, 『수완나부미』 1-1, 2009.

최선호, 「이슬람 문화의 정수, 아라베스크 문양」, 『한국경제매거진』 100, 2013.

최윤정, 「미국과 중국 시장의 대안(代案)으로 부상하는 인도」, 『CHINDIA Plus』

　　121, 2017.

최종찬, 「인도무슬림의 특성」, 『남아시아연구』 15-2, 2009.

황병하, 「무굴제국의 종교정책 연구」, 『한국이슬람학회논총』 18-3, 2008.

연표

시기	내용
기원전 3300년경	인더스 문명 등장.
1800년경	아리아인의 이주.
1500년경 ~ 1000년경	초기 베다 시기.
1000년경	철기의 도입.
600년경	16개 나라의 등장.
326~325	알렉산드로스의 군대가 인도 북서 지역 침입.
320년경	찬드라굽타 마우리아, 마우리아 왕조 수립.
321	난다 왕조 멸망.
305	찬드라굽타 마우리아, 셀레우코스의 군대를 격퇴.
273	아소카, 마우리아 왕조 국왕 즉위.
261	아소카, 칼링가 정복.
184	푸샤미트라 슝가, 마우리아 왕조 멸망.
72	슝가 왕조 멸망.
60	사타바하나 왕조 수립.
기원후 68년경	쿠줄라 카드피세스, 쿠샨 왕조 수립.
240	스리굽타, 굽타 왕조 수립.
320	찬드라굽타, 굽타 왕조 왕위 계승.
450년경	훈족, 북서 인도 침입.
554	스칸다굽타의 죽음 이후 굽타 왕조 붕괴.
606~647	하르샤, 북인도 지배.
629~645	현장, 인도 구법 여행.
712	무함마드 이븐 알카심의 군대, 신드 지방 침입.
723~727	혜초, 인도 구법 여행.

시기	내용
753	라슈트라쿠타 왕조 수립.
1014~1044	라젠드라 1세, 촐라 왕조 지배.
1206	쿠트브 웃딘 아이바크, 노예 왕조 수립.
1290	할지 왕조 수립.
1320	투글라크 왕조 수립.
1414	사이드 왕조 수립.
1451	로디 왕조 수립.
1498	바스쿠 다 가마, 캘리컷 도착.
1510	포르투갈, 고아 점령(~1961).
1526	바부르, 파니파트 전투에서 승리. 무굴 제국(~1857) 수립.
1556	아크바르, 무굴 제국 황제(~1605) 즉위.
1571	아크바르, 파테푸르 시크리로 천도(~1585).
1572~1592	아크바르, 구자라트·벵골·카슈미르·오리사·신드 정복.
1600	영국, 동인도 회사 설립.
1605	자한기르, 무굴 제국 황제(~1627) 즉위.
1627	샤자한, 무굴 제국 황제(~1658) 즉위.
1632	타지마할 건설 시작.
1658	아우랑제브, 무굴 제국 황제(~1707) 즉위.
1674	시바지, 마라타 제국 수립.
1675	아우랑제브, 시크교 구루 테그 바하두르 처형.
1679	아우랑제브, 지즈야 부활.
1681	아우랑제브, 데칸 짐낭.
1757	영국, 플라시 전투에서 승리.
1857	세포이 항쟁(~1858).

생각하는 힘-세계사컬렉션 08

고대인도왕국·무굴제국
새로 쓴 인도사

펴낸날	초판 1쇄 2018년 5월 15일

지은이	최현우
펴낸이	심만수
펴낸곳	(주)살림출판사
출판등록	1989년 11월 1일 제9-210호

주소	경기도 파주시 광인사길 30
전화	031-955-1350 팩스 031-624-1356
홈페이지	http://www.sallimbooks.com
이메일	book@sallimbooks.com

ISBN	978-89-522-3851-1 04900
	978-89-522-3910-5 04900(세트)

※ 값은 뒤표지에 있습니다.
※ 잘못 만들어진 책은 구입하신 서점에서 바꾸어 드립니다.
※ 각각의 그림에 대한 저작권을 찾아보았지만, 찾아지지 못한 그림은
　 저작권자를 알려주시면 그에 맞는 대가를 지불하겠습니다.

이 도서의 국립중앙도서관 출판예정도서목록(CIP)은 서지정보유통지원시스템 홈페이지
(http://seoji.nl.go.kr)와 국가자료종합목록시스템(http://www.nl.go.kr/kolisnet)에서
이용하실 수 있습니다.(CIP제어번호: CIP2018004664)

책임편집·교정교열 서상미 박일귀   지도 일러스트 김태욱